장도리의 대한민국 생태보고서 시즌2

516공화국

박 근찬

치유의 자화상

　고대 이집트의 파라오는 태양에 닿는 피라미드를 꿈꾸었습니다. 그리고 그의 꿈은 수많은 노예들의 손으로 실현되었습니다. 그런데 영화에서처럼 노예들이 하루 종일 채찍을 맞아가며 노동을 하다 죽어간 것은 아니었습니다. 출퇴근을 하며 비교적 자유로운 환경 속에서 근무했다고 합니다. 그도 그럴 것이 피라미드를 완성하려면 '시간'이 필요하기 때문입니다. 강압적 수단보다는 정교한 방식의 통제가 노동자의 이탈을 막고 노동력을 오래 유지하는 데 유리했을 것입니다. 따라서 이집트 노예들이 누렸던 자유는 진정한 의미의 자유라고 할 수 없습니다. 그들은 어쨌든 파라오가 정해놓은 운명대로 살 수밖에 없는 사람들이었으니까요. 그들에게는 농사를 짓고 피라미드를 만드는 것 외에 다른 행동이나 생각이 허용되지 않았습니다.

　피라미드의 벽화에는 그러한 수많은 운명들의 자취가 남아 있습니다. 똑같은 표정의 인간들이 개미 같은 모습으로 거대한 크기의 파라오와 신들을 떠받들어 찬양하는 형태의 그림으로 말입니다. 모든 벽화들은 작가의 예술관과 가치관이 개입될 여지가 없이 오로지 지배자의 권력 유지를 위해 정해진 공식에 따라 그려져 있습니다. 마치 지금의 할리우드 블록버스터 영화들이 일관된 상업적 공식에 따라 천편일률적으로 양산되는 것처럼 말입니다. 이는 물론 현대 자본주의사회를 지배하고 있는 자본가들의 수익을 위해 만들어진 공식일 것입니다.

　지난해 출간된 《나는 99%다》의 장도리에서는 한국 자본주의체제의 견고함을 주된 소재로 삼았습니다. 지금 이 시대의 서민들은 자유민주사회의 시민으로서 자유로운 삶을 살아가고 있지만, 한편으로는 고대 이집트 벽화처럼 소수 계층을 위해 만들어진 견고한 틀 속에서 힘겹게 노동하며 정해진 운명에 좌절하고 있습니다. 그리고 그 틀은 지난 이명박 정권 기간 동안 더욱 견고해지는 모습을 보였습니다.

　그러한 한국식 자본주의체제를 떠받치고 있는 중요한 기둥 중 하나가 이제 우리 앞에 모습을 드러냅니다. 바로 박정희식 국가체제입니다.

　군사정권은 '하면 된다.', '잘 살아보세.'의 구호를 앞세우며 다른 의견을 허용치 않고 국민들을 통제해나가는 병영식 통치를 펼쳤습니다. 그 귀결은 재벌을 중심으로 하는 한국식 자본주의체제의 탄생이었습니다. 그러는 동안 숨 가쁘게 돌아가는 압축성장의 톱니바퀴 사이에서 수많은 노동자들이 희생되었습니다. 이들은 애국심이라는 두터운 포장지에 싸인 채 목소리를 삼켜야 했습니다.

　인권과 사상의 자유를 허용하지 않는 박정희 정권 시대의 가치관은 지금까지 살아 있습니다. 대한민국의 교육기관은 소통의 방식을 배우고 인격을 형성하는 공간이 아니라 승자만이 살아남는 전사양성소입니다. 이에 청소년들은 정신무장이라는 명목하에 군대식 규율로 움직이는 극기훈련캠프에서 목숨을 건 훈련을 하기도 하고, 성인이 되어서는 자신의 인생철학보다 다른 사람들의 시선을 의식하며 집단의 가치관에 따라 일사불란한 군인의 자세로 살아야만 합니다. 군사파시즘을 연상시키는 이러한 집단주의는 상위 1%가 사회 전체를 그들의 이익에 부합하도록 이끌어가는 데 너무나도 유리한 조건이 됩니다.

5·16 쿠데타를 통해 박정희 군부정권이 들어선 지 33년 만에 51.6%의 득표율로 집권한 박근혜 정권은 많은 사람들로 하여금 유신시대를 떠올리게 만드는 국정운영방식을 선보이고 있습니다. 민주화를 이루고 세계 속으로 한류를 퍼뜨려나가는 21세기의 대한민국이지만 한쪽에서는 새마을정신과 한강의 기적이라는 구호가 들립니다. 종북 사냥의 대열에 동참할 것을 강요하는 분위기는 공안 통치 때로 되돌아간 듯합니다. 이것을 역사의 퇴행이라고 우려하는 목소리도 있지만 우리 삶 속에 내재되어 있는 파시즘의 실체가 드러난 것이기도 합니다.

이 책에서 장도리는 5·16 쿠데타를 통한 박정희 군사정권과 51.6%의 득표율로 당선된 박근혜 정권을 관통하는 대한민국의 자화상을 그리고 있습니다. 그리고 그 의미를 담을 수 있는 제목을 구상한 끝에 《516 공화국》이라는 제목을 만들게 되었습니다. 우리의 의식과 사회 저변에 아직까지 살아 있고 활용되는 군사독재 시절의 가치관이 더 이상 통용되지 않고 진정한 민주사회로 거듭나기 위해서는 이러한 우리의 현실을 직시하고 치유하는 과정이 필요할 것입니다. 이 책이 그러한 치유의 과정에 도움이 되는 우리의 자화상이 되기를 바랍니다.

책 말미에는 2003년부터 약 1년간 연재한 단편 시사만화 중 몇 편을 골라 약간의 수정 보완을 거쳐 실었습니다. 10년 전의 시사만화지만 지금의 삶과 크게 다르지 않은 묘사가 씁쓸하게 느껴집니다. 단편을 통해 우리 사회가 떼어버리지 못하고 있는 낡은 가치들을 확인하고 우리가 지금 처해 있는 환경을 객관적으로 조망할 수 있는 기회가 될 수 있으면 좋겠다는 바람입니다.

부족한 만화임에도 격려를 아끼지 않는 〈경향신문〉 선후배들, 힘이 들 때 위로의 말을 건네주고 용기를 북돋아주는 만화계 동료들은 언제나 큰 힘이 되고 있습니다. 졸작을 모아 좋은 책으로 탈바꿈시켜준 비아북 출판사 식구들께 감사의 말씀을 드립니다. 무엇보다 〈경향신문〉을 통해서 또는 SNS와 여러 인터넷 커뮤니티를 통해서 장도리를 애독하시고 성원해주시는 독자들의 분에 넘치는 사랑은 장도리가 매일 그려지는 원동력이 됩니다.

시사만화는 다른 만화들처럼 큰 웃음이나 감동을 주기보다 씁쓸한 뒷맛을 남겨줍니다. 그럼에도 불구하고 독자들이 시사만화에 보내주는 관심은 좀 더 상식적이고 건강한 사회를 바라는 소망이라고 할 수 있을 것입니다. 그러한 소망을 가진 시민의 한 사람으로서 더욱 좋은 만화를 그리도록 노력하겠습니다.

2013년 11월
박순찬

차례

1장

MB의 추억

– 정산은 국민이 한다

이대로

이명박 정부도 어느덧 종착역을 맞이해야 할 때가 되었습니다. 친재벌 친부자 친삽질 땅투기 정책의 수혜자들은
새 정권에 대한 기대가 큽니다. 지금과 별반 다를 게 없는 정권이 들어설 가능성이 크기 때문입니다.

권불십년

이명박 대통령의 친형 이상득 씨가 수뢰혐의로 결국 구속 수감됩니다. 형님이라면 만사가 통하던 화려한 시절도
어느덧 옛이야기가 되어버리고 권력의 발치에서 숨죽이고 있던 검찰은 이제야 슬금슬금 죽은 권력을 향해 칼을 겨눕니다.
이제 너무 지겹고 식상한 이야기입니다.

완전범죄

새벽시장의 할머니를 따뜻하게 감싸며 친서민정부임을 자랑하던 이명박 정권의 이면엔
허리띠를 졸라 한 푼 두 푼 모은 돈을 한순간에 날리게 된 저축은행 피해자들의 피맺힌 아우성이 있었습니다.
저축은행 피해자들에게 넥타이를 잡힌 이상득 씨는 법원이 저런 사람들을 통제하지 못하냐며 불쾌해하는 것으로
이명박 정권의 실체를 노골적으로 드러내 보입니다.

삽질 공화국

세금을 4대강 사업에 관련된 기업과 관리들의 입으로 넣습니다. 노동자와 하청업체를 쥐어짠 이익은
재벌의 입으로 넣습니다. 하우스푸어들의 봉급은 은행의 입으로 넣습니다. 삽으로 힘껏 퍼 넣습니다.

귀족

이명박 대통령은 "경제가 어려운 상황에서 귀족 노조가 파업하는 나라는 없다."며 참 안타까운 일이라고 말합니다.
경제가 어려운 상황에서 진짜 귀족분들은 얼마나 경제에 도움이 되는 일들을 하고 계신지 모르겠습니다.

반사이익

아직 출마 선언도 하지 않았지만 대담집 출간과 방송 출연을 계기로 안철수 원장에 대한 지지도가 박근혜 후보를 추월합니다.
기존 정치에 대한 실망과 불신이 깊어질수록 안철수의 새로운 정치 실험에 대한 기대감은 높아질 수밖에 없습니다.

잉꼬부부

북한의 관영매체들이 김정은의 부인 리설주의 모습을 대대적으로 공개하고 나섭니다.
이전에는 상상할 수 없었던 북한의 파격적인 태도는 김정은 체제의 안정적인 면모를 과시하기 위한
정치적 목적이 반영된 것으로 보입니다. 얼마 전 남한의 지도자 부부도 야구장에서 파격적인 모습을 연출하며
대중들에게 신선한 감동을 전해주었습니다. 물론 감동적으로 보지 않은 분들도 있지만.

2MB

이명박 대통령이 친형 이상득 씨와 김희중 전 청와대 부속실장의 저축은행 수뢰사건에 대해 공식 사과했습니다.
그리고 그 직후 부산저축은행으로부터 수뢰한 혐의로 복역하고 있는 은진수 전 감사원 감사위원이 가석방됩니다.
'MB 두 명' 설이 맞을지도 모릅니다.

닮은꼴

1,600만 명의 휴대폰 가입자를 두고 있는 KT의 전산망이 해킹당해 고객 870만 명의 개인정보가 유출되는 사고가 터집니다.
KT는 무려 5개월에 걸쳐 이뤄진 개인정보 유출 사실을 파악하지 못한 것으로 밝혀져 정보를 도둑맞은 고객들은
분통을 터뜨리고 있습니다. 노동자에겐 엄격하면서 도둑에게는 참으로 관대합니다.

쥐세상

이명박 정권은 G20을 개최하고 Green Growth를 추진하였으며 4대강 공사로 강물을 온통 Green으로 만들었습니다.
Great하고 Green이 가득한 나라입니다. G세상입니다.

물 드세요

4대강 유역에서 녹조가 급증한 이유를 놓고 논란이 일고 있습니다.
환경단체는 4대강 사업으로 들어선 보가 강물의 흐름을 막았기 때문이라고 외치지만 정부는 불가항력적인 폭염 때문이며
4대강 공사와는 아무 관련이 없다고 주장합니다. 녹색성장을 강물에서 실현시킬 줄은 몰랐습니다.

독도는 우리 땅

광복절을 앞두고 이명박 대통령이 현직 대통령으로서는 처음으로 독도를 방문합니다.
일본의 독도 야욕에 대해 지금은 곤란하니 조금만 기다려 달라 했고 한일군사정보협정을 추진하던 이명박 정부가
갑자기 대일 강경모드로 변신해 국민들을 헷갈리게 하고 있습니다.

멀고도 비슷한 나라

67번째 광복절을 맞는 지금 일본은 여전히 이 땅에 큰 상처를 남긴 역사적 사실을 외면하고 사과를 거부하고 있습니다.
이에 대해 이명박 대통령은 강경한 어조로 사과와 반성을 촉구하지만
과연 어떠한 역사인식을 가지고 그들을 나무라는 것인지는 알 수 없는 일입니다.

평양스타일

독도에 이명박 대통령의 이름이 새겨진 독도 표지석이 세워집니다.
독도수호대 김점구 대표는 "대통령의 독도 방문이나 표지석 설치는 고도의 외교적 수단이기 때문에
필요한 때에 효과적인 방식으로 이루어져야 하는데 지금 정부는 생뚱맞은 방식으로 일을 진행시키고 있다."며
"이는 독도 문제가 아니라 국내의 정치적 상황을 모면하려는 쇼나 이벤트로박에 보이지 않는다."고 비판했습니다.

권력무상

민주당이 추천한 내곡동 특검 검사에 대해 청와대가 재추천을 요구하며 거부 의사를 밝힙니다.
그러나 결국 '악법도 법이다.'라는 불평과 함께 특검을 수용합니다. 잠시 임기 말이라는 걸 깜빡한 모양입니다.

쇠고랑스타일

'낮에는 따사로운 인간적인 여자, 커피 한 잔의 여유를 아는 품격 있는 여자… 갈 데까지 가볼까, 오빠 강남스타일.'
〈강남스타일〉의 인기는 계속되고 정권 말 쇠고랑스타일도 계속됩니다. 쇠고랑스타일엔 '정권말춤'을 춥니다.

애들은 가라

새누리당이 고 노무현 전 대통령의 NLL 포기 발언 의혹을 제기하면서 대선 정국의 여야 대결이 전면전으로 치닫는 가운데
이명박 대통령이 연평도를 전격 방문해 북방한계선 NLL을 목숨 걸고 지켜야 한다 말합니다.
애국도 하고 선거운동도 하는 일석이조 정치입니다.

사망유희

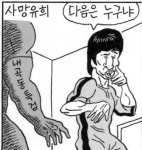

2009년 허위 사실 유포 혐의로 진중권 교수를 고소했던 변희재 미디어워치 대표는
돌연 '소 취하' 조건을 내걸고 진중권 교수에게 '2030 논객과의 10회 토론'을 제안합니다.
온라인에서 진중권과 변희재의 '사망유희 토론'에 대한 관심이 뜨겁게 달아오르고 있습니다.

장롱 형제

이명박 대통령의 큰형 이상은 씨와 둘째 형 이상득 씨가 각각 내곡동 사저 비리와 저축은행 비리 수사 과정에서
의문의 돈은 모두 장롱에 보관해온 돈이라고 해명합니다.
대통령 형님들 집 장롱만 열면 수억 원의 현금뭉치가 쏟아집니다.

말하는 코끼리

한국 에버랜드 동물원의 말하는 코끼리 '코식이'가 세계 저명 학술지에 실리면서 관심을 불러일으키고 있습니다.
코식이는 간단한 단어와 문장을 사람처럼 말할 수 있는 세계 최초의 코끼리입니다.
물론 자신이 하는 말의 의미는 모르겠지요.

서민음식 안녕

이명박 대통령이 어느덧 임기 만료를 눈앞에 두고 있습니다. 그동안 서민정치를 위해 어묵과 떡볶이만 드시느라
영양 섭취가 빈약했을 텐데 이제 원래 식단대로 식생활을 영위하실 날이 얼마 남지 않았습니다.
임기 후에 별일 없다면 말입니다.

반성의 계절

집값 상승과 주식 대박을 기대하며 선출한 이명박 대통령은 우리 욕망의 결정체였습니다.
그 욕망의 정권은 우리들이 잊고 있었던 것을 깨닫게 해주었습니다.
물대포와 4대강 세금 퍼붓기와 용산참사 그리고 각종 비리사건들로 뒤통수를 때려서 말이죠.

자연 파괴 정권

북한 김정은 제1비서를 찬양하는 560미터짜리 초대형 글귀가 구글어스에 의해 촬영됩니다. 김일성과 김정일 찬양 글귀를
명산과 명승지에 새겨넣었던 것처럼 북한정권의 우상화작업이 대를 이어 지속되고 있습니다.

안 들려

청와대가 이명박 정부 5년에 대해 칭찬 일색인 국정 성과 보고서를 내놓아 빈축을 사고 있습니다.
보고서는 두 차례의 글로벌 경제 위기를 극복하고 G20 개최를 통해 국격을 일궜다는 등 자화자찬으로 가득 차 있습니다.
임기가 끝나는 순간까지 철판을 내려놓지 않고 있습니다.

선거 끝났다

이명박 대통령이 설맞이 특별사면을 검토중이라는 소식에 비난 여론이 쏟아지고 있습니다.
대통령 측근과 가족의 비리 행위에 대해 엄정한 법 집행을 과시하는 듯하더니 선거가 끝나자 죄다 풀어주려 하고 있습니다.

파리

버락 오바마 미국 대통령이 얼굴 주위를 돌며 괴롭히던 파리를 내리치는 장면이 미국 주요 언론들을 통해
일제히 보도됩니다. 국내에선 이명박 대통령의 임기 말 특별사면에 대해 박근혜 당선인이 부정적 입장을 밝혀
신구 권력 간의 갈등을 보여주고 있습니다.

터널

국민들의 반대 여론에도 불구하고 뇌물 수수로 구속된 최시중 전 방통위원장과 천신일 세중나모 회장이
결국 설 기념 특별사면으로 풀려납니다. 임기를 24일 남기고 마지막 권력을 행사하는 이명박 대통령을 바라보는 국민들은
매우 지친 표정입니다.

어둠 속의 빛

어묵과 떡볶이를 사드신 것 외에 서민경제를 살리기 위한 노력이 없었다는 비판 속에 이명박 대통령이
부인 김윤옥 여사와 함께 대한민국 최고 훈장인 무궁화대훈장을 스스로 수여하기로 해
서민들을 분통 터지게 하고 있습니다. 무궁화대훈장은 4,800만 원 상당의 금 190돈으로 만들어집니다.

임기

국민들의 검증 기회를 막은 밀봉 깜깜이 인사, 그로 인해 빚어진 사상 최초의 새 정부 첫 총리 후보자의 사퇴,
지역 편중 인사, 공약의 후퇴 등 새 정부가 출범하기도 전에 국민들의 피로감이 심해지고 있습니다…만
아직 이명박 정부도 안 끝났습니다.

명예 회복

국회가 4대강 수질 개선을 위한 총인처리시설 입찰 관련 감사요구안과 한식세계화 사업에 대한 감사요구안을
각각 의결합니다. 이 전 대통령이 퇴임하자마자 정치권이 감사의 뜻을 내비치고 있습니다.
한편 잘 살아보세 정신은 지금 대대적으로 추앙을 받고 있습니다.

부러우세요?

이명박 전 대통령이 퇴임 후 공공 테니스장을 일반 시민들의 예약을 차단하고 독점 사용한 것으로 밝혀집니다.
재임 중 측근 비리와 각종 실정, 의혹에도 불구하고 황제테니스까지 즐기며 편안한 생활을 할 수 있는 비결이 궁금합니다.

쥐도 문다

이명박 전 대통령이 회고록 집필을 준비하고 있는 것으로 알려집니다.
4대강 사업에 대한 감사, MB정권과 유착 의혹이 있는 CJ그룹 수사 등 주위에 가해지는 압박을 느낀 모양입니다.

임기는 지나갔어도

4대강 사업에 따른 한국수자원공사의 부채 문제를 해결하기 위해 정부가 수도요금 인상 방안을 들고 나옵니다.
날치기 예산으로 수십조 원의 세금을 퍼부은 것도 부족해 이제 수도요금 인상으로 국민들의 호주머니를 털려고 합니다.

제물

이명박 정부의 4대강 사업이 대운하를 염두에 둔 것이라는 감사 결과가 나옵니다. 박근혜 정부는 4대강 사업을
대국민 사기극이라며 전 정권에 대한 비판에 나서고 이명박 전 대통령 측은 정치적 감사라면서 반발하고 있습니다.

기다려라, 복이 있나니

국정원 대선개입사건을 규탄하고 대통령의 사과를 요구하는 촛불시위가 전국적으로 확대되고 있지만
박근혜 대통령은 국정원의 자체 개혁을 주문한 것 이외에 아무런 대책을 내놓고 있지 않습니다.
전임 대통령의 '배 째라' 노하우를 전수받은 모양입니다.

반면교사

양건 감사원장이 임기를 1년 7개월여 앞두고 사퇴합니다. 정치적 외압설과 인사 갈등설 등 다양한 의혹이 제기되면서
감사원의 독립성 훼손 논란이 커지고 있지만 청와대는 여전히 모르쇠로 일관하고 있습니다.
뭐든지 해봐서 다 안다는 전임 대통령을 반면교사로 삼은 듯합니다.

형님 특집

속 뒤집어져

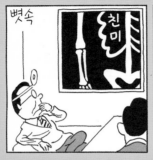

덮고 또 덮고

형님 먼저

속 뒤집어져

이명박 대통령의 친형 이상득 씨가 저축은행과 기업체 등으로부터 수억 원을 받은 혐의로 검찰에 소환되는 모습이 국민들의 속을 뒤집어놓습니다. 속은 그대로인 채 겉모습만 바꿔 정권을 연장하려는 그들의 모습은 국민들의 속을 다시 한 번 뒤집습니다.

덮고 또 덮고

악화가 양화를 밀어낸다는 말이 있습니다만 이명박 정부에선 악화가 악화를 덮어 정권이 위기를 극복하고 있습니다. 어떠한 악재가 터지더라도 '지곤조기'의 정신으로 버티다 보면 이 또한 지나갈 것입니다.

형님 먼저

검찰은 2007년 대선 당시 불거진 BBK 가짜 편지 명예훼손사건 관련자에 대해 모두 무혐의 불기소 처분합니다. 상왕으로 불리던 형님께서 큰집으로 들어가시면서 스포트라이트 세례를 받고 있을 때 나온 발표입니다.

2장

대통령은 내 운명

– 18대 대선의 재구성

유체이탈

대선의 계절을 맞아 20대 청년 정치인을 전면에 내세우고 더 나아가 55세 이상에겐 박근혜 후보 주변에 접근하지 못하도록
방침을 정한 새누리당의 회춘프로젝트가 눈물겨울 정도입니다. 회춘에 성공했다고 지금을 70년대로 착각하면 안 됩니다.

한반도는 지금

북한에서 김정은 위원장이 참석한 공연에 미국을 상징하는 캐릭터와 영화의 주제곡이 등장해
북 개방의 신호탄이 아니냐는 분석이 나오고 있습니다. 남한의 집권당도 공산당의 상징 색인 붉은색을
적극적으로 사용하고 있어 남북한이 묘한 대조를 이룹니다.

이상과 현실

대선 주자들이 내세우고 있는 슬로건을 보면 그들이 지향하고 있는 것이 무엇이며 어떤 정치철학을 지니고 있는지
대략 알 수 있습니다. 그러나 때로는 현실과 괴리된 장밋빛 구호가 유권자의 눈을 멀게 하는 경우도 있습니다.

사기스타일

싸이의 〈강남스타일〉이 인기를 얻어가고 있습니다.
이를 응용해 새누리당의 돈 공천 의혹 사건을 풍자하는 만화를 그렸습니다만 이때만 해도
이후 선거운동 과정에서 박근혜 후보가 마지막 컷의 말춤 장면을 실현시킬 줄은 예상하지 못했습니다.

꽃정치

박근혜 후보가 '국민통합 행보'의 차원에서 노무현 전 대통령의 묘역을 참배한 데 이어
전태일 열사의 동상을 방문해 헌화를 시도하나 유족과 쌍용자동차 노조원들의 반발로 무산됩니다.
국민통합은 꽃다발을 바치고 언론에 보도되는 것으로 가능해지지 않습니다.

헌화

박근혜 대통령 후보가 노무현 전 대통령의 묘역과 전태일 동상에 헌화하느라 바쁜 모습을 보입니다.
서민경제의 묘역에 헌화하는 일만은 없어야 할 텐데, 걱정이 앞섭니다.
죽어가는 서민경제의 신음소리가 들리시는지 모르겠습니다.

염량세태

박근혜 새누리당 대선 후보는 새누리당의 전신인 한나라당의 '차떼기 대선 자금' 수사를 지휘한 안대희 전 대법관을
정치쇄신위원장으로 발탁하고 재벌 수사로 주목을 받았던 남기춘 전 서울지검장도 정치쇄신위원으로 영입합니다.
여기저기서 미래 권력에게 줄을 서느라 정신없는 임기 말 풍경입니다.

리더십

묻지마 살인과 아동 성폭행 등 흉악한 범죄사건들이 터져 나오는 가운데 박근혜 대선 후보가 사형집행의 필요성에 대해
언급합니다. 여기에 불심검문과 보호감호제도까지 부활할 조짐이 보이니 복고적인 사회 분위기가 조성되는 듯합니다.

도장

새누리당이 안철수 원장에게 여자 문제를 폭로하겠다며 대선에 불출마할 것을 협박했다는 소식입니다.
새로운 정치를 갈망하는 국민의 요구가 반영된 안철수 신드롬에 대항하기 위해 혁신을 다짐하던 새누리당이 보여준
새누리당식 혁신정치의 모습입니다.

미래만 생각합시다

대선가도에서 거침없는 레이스를 펼치던 박근혜 후보가 5·16 쿠데타와 인혁당사건 문제 등 과거사 논란에 발목이 잡히는
형국입니다. 박근혜 후보는 지나간 과거보다 앞으로 다가올 미래를 바라볼 것을 강조합니다. 밝은 미래를 향해 나아가기 위
해서는 과거사에 대한 올바른 인식이 중요한 조건이 아닐 수 없습니다.

산파

안철수 원장이 장기간의 숙고 끝에 드디어 대선 출마를 선언함으로써 대선은 3파전의 양상을 띠게 됩니다.
오세훈 전 시장의 무상급식 주민투표 추진은 결국 서울시장 재보선을 치르게 하였고
안철수 원장은 박원순 희망제작소 이사에게 시장 후보를 양보함으로써 더욱 큰 기회를 얻게 되었습니다.

사과

안철수 원장이 대선 출마를 선언하고 박근혜 후보의 지지율이 급락하고 있는 가운데
박근혜 후보가 5·16과 유신, 인혁당사건에 대해 허리를 굽혀 공식 사과한 후 오후엔 맞춤 선거운동에 나섭니다.
이명박 대통령도 지난 대선 때 카메라 앞에서 국밥 먹으며 서민 행세하느라 고생 많이 했습니다.

역사 속으로

이정희 전 통합진보당 대표가 주한미국대사관 인근 광화문 광장에서 대선 출마를 선언하고
민주주의와 통일, 자주적인 한미 관계를 역설합니다. 그러나 부정경선 의혹으로 입은 상처와 대중적 신뢰의 상실로
그 외침이 멀리 뻗어나가질 못하고 있습니다.

정체성이 표 먹여주나

보수정당을 표방하는 새누리당이 좌클릭의 행보를 과시하는 한편 재벌 개혁의 기치를 걸고 있는 안철수 캠프가
모피아의 대부 이헌재 전 경제부총리와 손잡습니다. 진보민주세력을 기반으로 하는 민주당은 5공 시절 청와대 비서관을
지낸 바 있는 보수 인사 윤여준 전 장관을 영입합니다. 몸집 불리는 데 찬밥 더운밥 가릴 수 없습니다.

레임덕

경제민주화를 둘러싸고 이한구 원내대표와 갈등을 빚어온 김종인 위원장과 한광옥 전 고문 영입에 반대하는
안대희 정치쇄신위원장이 사의를 표명하는 등 박근혜 캠프의 내홍이 깊어지고 있습니다.
박근혜 후보의 당내 지도력의 위기이자 박정희 후광 파워의 위기입니다.

단일화

민주통합당 문재인, 무소속 안철수 후보가 단일화를 위한 회동에 전격 합의합니다.
이번 대선의 최대 변수인 야권 단일화의 추이를 바라보는 새누리당 박근혜 후보의 심기가 편하지만은 않습니다.

기복 정치

문재인 후보와 안철수 후보 등 야권 후보들이 3자 TV토론을 촉구하고 있지만
박근혜 새누리당 후보는 2대 1 싸움의 불리함을 이유로 토론을 거부하고 있습니다.
후보의 정책 비전을 널리 알리고 지지를 호소할 수 있는 TV토론을 거부하는 자신감은 어디서 나오는 것일까요.

겉과 속

문재인 후보와 안철수 후보 간의 단일화 협상이 시작됩니다. 본격적인 단일화 논의에 들어가면서
두 후보 캠프의 신경전도 치열해지고 있습니다. 정권 교체를 바라는 유권자들의 열망을 실현시킬 수 있는 후보는
누구인가에 대한 논의가 불붙고 있습니다.

단일화의 길

무소속 안철수 후보 측이 "민주당 측의 신뢰를 깨는 행위가 한두 번이 아니었다."며 단일화 협상 중단을 선언합니다.
MB정권의 악정이 야권 단일화를 이끌어냈지만 각종 악재로 인한 집권당 후보의 지지율 하락은
야권의 분열을 가져오게 됩니다.

여성대통령

중단되었던 문재인, 안철수 후보 간 단일화 협상이 후보 등록을 일주일 앞두고 재개됩니다.
야권의 위태위태한 단일화 과정을 바라보는 박근혜 후보 측의 심정도 불안하기만 합니다.
이후 심상정 후보가 사퇴하지만 이번 대선은 여성 후보가 네 명씩이나 출마하는 기록을 세우기도 합니다.

사퇴

"저는 오늘로 지난 15년 동안 국민의 애환과 기쁨을 같이 나눠왔던 대통령직을 사퇴합니다. 제가 뭐라고 했나요?
실수를 했습니다. 국회의원직을 사퇴합니다." 박근혜 후보가 후보 공식 등록과 함께 의원직 사퇴 선언을 하는 과정에서
말실수를 합니다. 박 후보는 감정에 복받친 나머지 일어난 실수였다고 해명합니다.

얻으려 하면

뇌물 수수, 성추문 사건에 이어 사상 초유의 검찰총장 퇴진 요구 파동으로 검찰이 위기를 맞고 있습니다.
검찰은 후보직 사퇴 이후 더욱 그 영향력이 커지고 있는 안철수 후보를 참고해야 할 필요가 있습니다.

여전히 3강

안철수 전 후보의 후보직 사퇴로 대선은 박근혜 후보와 문재인 후보의 2강 구도가 되었습니다.
그러나 해단식에서 안철수 전 후보가 여야 모두를 비판한 내용이 언론의 집중 조명을 받는 등
안철수 전 후보의 영향력은 더욱 커져가는 형국입니다.

백발종군

왕년에 정치판을 주름잡던 원로 정객들이 박근혜 후보의 대통합 행보에 합류합니다.
박정희 정권에 대항해 민주화투쟁을 벌였던 상도동계와 동교동계 정치인들 그리고 유신에 반대하여 감옥살이를 했던
김지하 시인도 박 후보 지지 선언을 합니다. 노익장을 과시하기 위해서라면 젊은 시절의 가치관쯤은 버릴 수 있습니다.

먹기 대결

토론 없는 TV토론이 유권자들의 원성을 사고 있습니다. 후보 간에 원활하고 심층적인 토론이 이루어질 수 없는
진행 방식으로 후보들의 자질과 정책 검증이 힘들다는 반응입니다.
정책 대결보다 이미지 대결에 강한 자가 승리하는 대선입니다.

아느냐

대선이 막바지로 치달으면서 박근혜, 문재인 두 후보가 부동층과 중도층을 잡기 위해 총력전을 펼칩니다.
이번 대선은 산업화세대로 대변되는 보수층과 민주화세대로 대변되는 진보층, 양 진영의
사상 유래 없는 총 결집을 보여주고 있습니다.

품위 있는 말실수

박근혜 후보의 잦은 말실수가 세간의 입방아에 오릅니다. 그러나 집권 여당 인사들이 내뱉는 말에 비하면
수준 높은 언어를 구사하는 으뜸언어상 수상자입니다.

표정 관리

핵보유국인 북한이 장거리 로켓인 '은하3호' 발사를 성공시킴으로써 한반도와 주변국의 긴장감을 높이고 있습니다.
국민들의 불안도 누군가에게는 안심이 됩니다.

뭉쳐야 이긴다

18대 대선은 역사상 유래 없는 박빙의 승부를 보여주고 있습니다. 박근혜 후보를 중심으로 한 보수진영과
문재인 후보를 중심으로 한 진보진영으로 갈려 한 치의 양보도 없는 대격돌이 벌어집니다.
이기느냐 지느냐 외에 다른 논의가 끼어들 틈이 없습니다.

좌파를 찾습니다

노동자 후보로 출마한 무소속 김소연 후보가 지지자 300여 명과 함께 서울 광화문 광장에서 유세를 마친 후
청와대로 행진하던 중 이를 저지하는 경찰에게 얼굴을 맞는 사고가 일어납니다. 박근혜 지지자와 문재인 지지자
두 진영으로 나뉜 대선의 열기가 뜨거운 가운데 노동자의 권익을 찾는 좌파의 목소리는 사라져가고 있습니다.

부전여전

이번 대선에는 국정원 댓글 공작, 알바를 동원한 온라인 여론조작 등 정부 여당의 불법 개입 의혹들이 가득했습니다.
70년대 막걸리와 고무신 선거에서 온라인 댓글 선거로 진화된 모습을 보여줍니다.

대통령 선거

18대 대선의 날이 밝았습니다. 현재 정부 정책의 지속을 원하는 사람들, 정권 교체를 원하는 사람들,
소수 진보정당세력의 존속과 성장을 바라는 사람들이 자신의 정치적 의사를 투표를 통해 보여주는 날입니다.
또한 권력은 국민에게 있다는 것을 보여주는 날이기도 합니다.

눈물

대한민국 제18대 대통령에 새누리당 박근혜 후보가 51.6%의 득표율로 당선됩니다.
사상 첫 여성대통령이자 사상 첫 부녀대통령이 탄생합니다. 이제 박근혜 후보를 보고 박정희 전 대통령과
육영수 여사를 떠올리며 눈물짓던 어르신들의 눈물을 닦아드릴 차례입니다.

과거와 미래

박근혜 대통령의 당선엔 50대와 60대의 높은 투표율과 압도적인 지지가 한몫을 했습니다.
박근혜 대통령에게 후손들이 살기 좋은 나라를 건설하라는 과제를 맡긴 것입니다.

화합

박근혜 당선인에게는 51.6%라는 과반수의 지지 국민은 물론 반대표를 던진 국민들도 함께 끌어안아야 하는
의무가 있습니다. 전대미문의 치열한 접전이었던 대선으로 생긴 국민들 사이의 갈등을 치유해야 할 때입니다.

된장

이번 대선은 세대 간 지지 후보가 확연하게 갈린 선거이기도 했습니다. 문재인 후보를 지지했던
다수의 젊은 층이 겪고 있는 좌절감을 치유하기 위해 필요한 것은 소통을 위한 노력일 것입니다.
그러나 박근혜 당선인은 수석 대변인에 극우 논객 윤창중 씨를 임명함으로써 그들만의 방식을 강요하는 모습입니다.

대통합

박근혜 당선인이 수석 대변인으로 발탁한 윤창중 씨는 언론사 재임 시절 권력에 줄을 대며 정치권을 기웃거리고
고 노무현 전 대통령의 추모 인파를 '황위병이 벌인 거리의 환각 파티'라고 매도한 인물입니다.
인사의 첫 단추부터 많은 이들에게 실망감을 주고 있습니다.

몰랐지

박근혜 당선인은 인수위원장에 김용준 전 헌법재판소장, 부위원장에 진영 새누리당 정책위의장을 임명합니다.
윤창중 대변인이 밀봉된 봉투를 뜯어 인선안을 발표할 때까지 어느 누구도 몰랐을 정도로 철저한 보안 속에서
인선이 이루어집니다.

회춘

안 찍은 사람

빼앗긴 들에도 봄은 오는가

찍은 사람

젊은 시절로 회춘(回春)한 기분

극우 논객으로 활동해온 윤창중 대변인을 포함한 인수위 인선과 함께 강경 보수 인물인 이동흡 전 헌법재판소 재판관이
차기 헌법재판소장 후보자로 지명되는 등 새 정권의 성격과 윤곽이 점차 드러나고 있습니다.
대통합을 강조하는 박근혜 당선자의 주위로 70년대 총화 단결 구호의 아우라가 형광등 100개의 밝기로 빛나고 있습니다.

박통스타일

박정희 흉내낸 사람들

이인제

허경영

공화당

이명박

가볍고 촐싹대는 사람들이 무슨 흉내를 내겠다고… 진짜 박통스타일을 보여주마

인수위

질문 사절

박근혜 당선인이 인사 과정에 철저한 보안을 강조하고 있는 가운데 최대석 인수위원이 인수위원직을 돌연 사퇴한
이유에 대해서도 명확한 설명 없이 대변인을 비롯한 인수위원들은 침묵을 지키고 있습니다.
말 없는 노란 샤쓰의 사나이에 대한 향수를 불러일으키려는 모양입니다.

대선 전과 대선 후

선거운동 기간 말춤을 추며 시민들과의 소통 노력을 보여주던 박근혜 당선인이 당선 후에는 춤은커녕
새 내각 인선의 보안 유지를 위해 시민들을 피해 다니고 있습니다. 화장실 들어갈 때와 나올 때가 많이 다릅니다.

변화보다 안정

대선을 통해 새 대통령을 선출했지만 이전과 다른 모습을 찾기 힘든 실정입니다.
박근혜 당선인의 인사를 통해 등장하는 인물들은 이명박 정부 시절에 봤던 부도덕한 인물들과 오버랩 됩니다.

향수 통치

박근혜 당선인이 새 정부 1차 인선을 발표합니다. 장관급으로 격상된 경호실장에 박흥렬 전 육군참모총장이
지명된 것을 두고 권위주의 시대로의 회귀를 우려하는 목소리가 나오고 있습니다.

취임

박근혜 대통령이 25일 18대 대통령에 취임합니다. 국무총리와 국무위원들에 대한 임명 절차가 마무리되지 않아
전임 정부의 장관들이 자리에 남아 있는 상태로 임기를 시작하게 됩니다. 준비된 대통령을 선택해달라는 외침이
아직 국민들의 귓가에 남아 있는 2월입니다.

안철수 특집

안철수를 막아라

2012년 8월 27일

공상과학은 널리 퍼져 있다

2012년 9월 21일

정치인이 남기는 것

호랑이는 가죽을 남기고

사람은 이름을 남기고

정치꾼은 상처를 남기고

정치인은 변화를 남겨

안철수를 막아라

경찰이 안철수 원장과 강남 룸살롱 여성의 부적절한 관계를 캐기 위해 뒷조사를 했다는 주장이 제기됐습니다. 경찰의 부인에도 불구하고 민간인 불법 사찰 사건과 안철수 신드롬에 대한 정치권의 견제 움직임이 맞물려 의혹은 확산되고 있습니다.

공상과학은 널리 퍼져 있다

안 원장이 대선 출마 선언을 하면서 "미래는 이미 와 있다. 단지 널리 퍼져 있지 않을 뿐이다."라는 SF소설의 문구를 인용한 이후 소설의 작가가 주목을 받고 있습니다. SF소설이 그다지 대접받지 못하는 한국에서의 갑작스러운 인기에 작가는 어떤 생각이 들었을지 궁금합니다.

정치인이 남기는 것

안철수 씨가 대선 후보직을 전격 사퇴하며 백의종군을 선언합니다. 민주당 문재인 후보와의 단일화 과정에서 마찰을 빚던 끝에 대선 출마를 선언한 지 65일 만에 눈물과 함께 사퇴한 것입니다. 서울시장 후보에 이어 대통령 후보를 사퇴한 안철수 씨가 정치판에 남긴 영향이 적지 않습니다.

3장

우리들의 일그러진 권력
– 노블레스 말라드(noblesse malade)

신궁

런던올림픽에서 한국여자양궁이 올림픽 단체전 7연패를 달성하여 대한민국이 양궁 최강국임을 확인합니다.
예로부터 활 잘 쏘는 민족으로 주변 나라들에 명성을 떨치던 선조들에게서 물려받은 능력을
엉뚱한 데 쓰는 후손들이 부끄럽기만 합니다.

묻지마

모르는 사람에게 흉기를 휘둘러 다치거나 숨지게 하는 묻지마 범죄가 기승을 부리고 있습니다.
취약한 사회안전망과 치열한 경쟁사회가 주는 스트레스도 묻지마 범죄가 증가하는 데 한몫을 하는 것으로
전문가들은 진단하고 있습니다.

여론 장악

권력의 하수인이라는 지탄을 받아온 MBC 김재철 사장에 대한 해임안이 방송문화진흥회 이사회에서 부결됩니다.
이 과정에서 청와대와 새누리당 박근혜 후보 측이 외압을 행사했다는 의혹이 일어
야당과 언론계의 거센 반발을 불러일으키고 있습니다.

뇌물

검찰이 여성 피의자와 성관계를 가진 검사에게 구속영장을 청구하면서 직권남용이나 성폭행죄가 아닌 뇌물수수혐의를
적용하여 여론의 반발을 사고 있습니다. 강압성보다 대가성에 무게를 두었다는데, 칼 든 사람 마음대로입니다.

개미와 베짱이

국회가 2013년 예산안 처리 과정에서 국회의원 한 명당 월 120만 원의 평생 연금을 지급하는 연금법을 통과시킵니다.
국회의원 연금 지급을 축소하겠던 정치권이 대선이 끝나자 약속을 뒤집은 것입니다.
자신들의 밥그릇을 지키는 법안은 원활한 여야 합의로 신속하게 처리합니다.

권력층스타일

MBC가 이상호 기자를 '회사 명예 실추'와 '품위 유지 위반'을 이유로 해고합니다. 이상호 기자는 2005년 삼성X파일을
보도한 바 있으며 대선 투표 하루 전에 MBC의 김정남 인터뷰 사실을 폭로하여 징계위원회에 회부되어 있었습니다.

육박전

박근혜 정부 외교안보정책의 핵심인 국가안보실장과 국방장관, 국정원장에 각각 육사27기 김장수, 육사28기 김병관,
육사25기 남재준 등 육사 출신 4성 장군들이 후보로 지명됩니다. 장관급으로 격상된 박흥렬 경호실장은 육사28기로
바야흐로 육사 전성시대가 다시 한 번 열립니다.

밀어붙여

새 정부가 출범한 지 일주일이 지났지만 방송정책의 미래창조부 이관에 대한 야권과 여론의 반대로
정부조직법 개정안이 통과되지 못하고 국정 공백이 계속되는 가운데 박근혜 대통령이 개정안 통과를 촉구하는
대국민 담화를 발표합니다. 협상과 대화 없는 부전여전 정치의 서막을 엽니다.

살아 있네

북한의 전쟁 위협으로 한반도가 일촉즉발의 위기에 놓인 가운데 새 정부 출범 후 첫 번째 국무회의에서
경범죄처벌법 시행령 개정안이 통과됩니다. 경범죄 처벌 대상 중엔 과다노출 조항이 있어
미니스커트 단속하던 시대로 회귀하는 것 아니냐는 우려가 쏟아집니다.

먹방

군 복무 기간을 18개월로 단축하겠다는 대선 공약이 기약 없이 미뤄지고 복지 공약은 흔들립니다.
선거운동 당시 주요 슬로건이던 경제민주화가 5대 국정 목표에서 제외됩니다. 검사 네 명이 청와대 근무를 위해
법무부에 사직서를 제출하는 등 청와대 검찰 파견 제한 공약도 깨지고 있습니다.

난동 부리지만…

주한 미군이 이태원에서 음주 난동과 심야 도주극을 벌이고 마포 등지에서 음주 폭력 사고를 저지르는 등 미군 범죄가
잇따르고 있습니다. 때마침 남재준 국정원장 내정자가 청문회에서 "5·16은 쿠데타이지만 풍요를 가져왔다."고 말해
난동을 부리지만 국방력을 더해주는 주한 미군에게 용기를 심어줍니다.

새롬이와 희망이

새 정부에서 임명된 청와대 비서관의 특징은 정부 내각과 마찬가지로 관료 출신들이 대거 포진한 점입니다.
관료 출신의 중용은 해당 분야의 전문성을 강화하여 능률적인 정책 수행을 기대하게 하는 동시에
영혼 없는 관료 출신들을 이용한 일방적 독선 정치의 우려도 낳습니다.

비리

김용준 국무총리 후보자를 시작으로 김병관 국방부 장관 후보자까지 고위 공직자 후보 다섯 명이 비리 의혹으로
중도에 낙마했고 김학의 법무부 차관은 성 접대 의혹으로 사퇴한 실정입니다.
인사 실패를 가져온 박근혜 대통령의 독선적인 리더십이 도마에 오르고 있습니다.

그네식 인사

로펌 경력 논란과 탈세 의혹으로 한만수 공정위원장 후보가 사퇴함으로써
박근혜 대통령이 중용한 고위 공직자가 일곱 번째 낙마를 기록합니다.
새 정부가 시작된 지 한 달밖에 안 됐지만 반복되는 인사 실패로 국민들은 벌써 짜증이 나기 시작합니다.

훌륭한 분들을 심판대 위로

2013년 3월 27일

박근혜 대통령이 새 내각을 구성하기 위해 대한민국의 명망 있는 최고 엘리트들만을 엄선해 국민들에게 선보입니다.
그들은 죄다 땅투기, 탈세, 병역기피, 국외 비자금 조성, 외국 무기 로비스트, 성 접대 등의 범법자들로 밝혀져
여론의 심판을 받고 있습니다.

혈맹

2013년 3월 29일

한미연합사령부는 B-52 폭격기와 6,900톤 급 핵잠수함 훈련에 이어 B-2 스텔스 폭격 훈련을 실시합니다.
한반도 상공에서 핵 폭격 훈련을 공개하는 것은 처음 있는 일로 이는 군사적 위협을 가하고 있는 북한에 대한
경고 메시지가 됩니다. 한편 핵무장 주장이 일고 있는 한국에 대한 미국의 핵우산을 과시하는 것이기도 합니다.

창조 정치

박근혜 대통령이 '창조 경제'를 핵심 국정 비전으로 내세우면서 정부뿐 아니라 기업에서도
창조와 혁신을 강조하는 캠페인을 벌이고 있습니다. 금융계에서도 '창조 금융'을 외치고
각계에서 창조 경제를 화두로 삼습니다. 정치도 창조적으로 펼쳐져 국민들을 놀라게 하고 있습니다.

알면 다쳐

박근혜 대통령이 '모래밭에서 찾은 진주'라고 칭송한 윤진숙 해양수산부 장관 후보가 인사 청문회에서 시종일관
"모른다."고 답변해 빈축을 사고 있습니다. 많이 알려고 하면 죄가 되는 세상에서 현명한 처신입니다.

철의 여인

마거릿 대처 전 영국 총리가 향년 87세로 타계합니다. 포클랜드전쟁을 승리로 이끌고 영국병을 치유했다는 평가와 함께
신자유주의를 앞세운 주요 산업 민영화와 노조에 대한 탄압으로 비판을 받던 정치인이었습니다.

머리 좀 빌려라

김영삼 전 대통령이 폐렴 증세 악화로 서울대병원 중환자실에서 치료를 받고 있는 것으로 알려집니다.
'머리는 빌릴 수 있어도 건강은 빌릴 수 없다.'는 좌우명을 가진 김 전 대통령도 세월의 무게를 이기기 힘들었던 모양입니다.

그네상스

박근혜 정부의 대북 메시지를 둘러싼 움직임이 혼란스럽습니다. 북한과의 대화 문제를 두고 청와대와 통일부가
다른 설명을 내놓는 등 대외적으로 신뢰를 주지 못하고 있습니다. 대선 공약의 번복, 경제민주화정책 기조의 후퇴 등
일관되지 못한 모습으로 국민들에게 실망을 안겨주고 있습니다.

꽃단장 진압 시대

서울 중구청이 덕수궁 대한문 앞 쌍용차 해고 노동자의 천막을 강제 철거하고 해고 노동자들이 다시 들어서는 것을
막기 위해 화단을 확대하는 작업을 합니다. 이후 농성장 철거 규탄 시위 중 화단을 침범한 시위대들에게 중구청은
화단을 훼손한 혐의에 대해 관련자를 형사 고발하고 민사상 손해배상을 청구하겠다고 밝힙니다.

몰라요

민주통합당이 중도 노선을 강화하기 위해 당 강령에서 '촛불민심'과 '전시 작전권 회복', '한미자유무역협정(FTA) 재검토'를 삭제하기로 합니다. 자주 바뀌는 당의 입장에 대해 자신들도 혼란스러울 때가 됐습니다.

착각 바이러스

무소속 안철수 후보가 서울 노원병 국회의원 보궐선거에 당선됩니다. 지지자들은 지난 대선 때 새 정치를 요구하는 민심을 등에 업고 바람을 일으켰던 안철수 의원이 기존 정치권의 구태에 전염되지 않기를 바라고 있습니다.

유머의 위기

일상의 유머를 게시하며 즐기는 인터넷 커뮤니티가 종북집단으로 지목돼 국정원의 공작 대상이 되는 현실입니다.
유머를 자유롭게 즐기기 힘든 세상에서 재미있는 유머가 만들어지길 기대하긴 어렵습니다.

마녀사냥

경남도가 진주의료원을 강제 폐업시킵니다. 정부와 정치권, 보건의료계, 시민사회단체가 공공의료를 지켜야 한다는
주장을 내세우며 폐업을 막기 위해 나섰지만 홍준표 경남도지사의 폐업 방침을 꺾지 못합니다.

원전 비리

핵시설을 장악

안전 관리망을 교란시키고 불량부품을 투입하여

전기공급을 막고 대규모 재앙을 불러일으킴으로써 체제전복을 꾀한다

왜 이번엔 인민군개입설 안나옴?

그게 그때 그때 다릅네다

남조선 정치학 / 과외

신고리와 신월성 원자력발전소의 부품 시험 결과가 조작된 것으로 드러나 원전 가동이 중지됩니다.
국가적으로 중요한 핵에너지 시설에서 불량부품을 이용해 대규모 재앙을 일으키려 한 무서운 범죄사건임에도 불구하고
북한 연계설은 나오지 않고 있습니다.

100일

많은것을 보여준 100일

육영수 스타일

박정희 스타일

밤의 황제 스타일

풍악을 울려라~

비가오면 생각나는~♪

박근혜 정부 출범 100일을 맞이합니다. 외국에서는 우아하고 부드러운 이미지의 한복스타일 외교를 펼치고
국내에서는 아버지를 떠올리는 군복스타일 정치를 펼쳐온 100일이었습니다.

마피아

원전 비리 사건으로 국민들의 분노가 들끓는 가운데 원자력 관련 관료, 학계, 업계가 폐쇄적으로 연결된
'원전 마피아'를 해체해야 한다는 목소리가 커지고 있습니다. 법조 마피아, 경제 마피아뿐 아니라
원전에도 특정 학맥으로 연결된 끈끈한 마피아가 형성되어 있습니다.

조지 오바마 vs 이명박근혜

미국 국가안보국이 수백만 명의 통화 기록과 개인정보를 수집해온 것으로 드러나 파문이 일고 있습니다.
오바마 행정부가 영장 없는 감청으로 논란을 빚었던 부시 전 정부와 다를 게 없다는 비판이 쏟아지고 있습니다.

북한군 침투설

국정원이 대선 여론조작에 개입하고 경찰은 관련 수사 내용을 은폐, 조작했다는 사실이 드러나면서
국정원의 개혁과 대통령의 사과를 요구하는 여론이 높아가고 있습니다.
그러나 대를 이어 충성하는 국정원에 대한 애정은 깊어 보이기만 합니다.

설명해보시오

박근혜 대통령은 대선 기간 중 전두환 전 대통령에게 받은 6억 원을 사회에 환원하겠다는 약속을 아직까지 이행하지 않고
있습니다. 또한 국정원 대선 개입이라는 엄중한 사안에 대해서도 대통령으로서 입장을 밝히지 않고 있습니다.

노무현 때문

국정원 대선개입사건에 대한 진상 규명과 국정원 개혁의 요구가 높아지는 가운데 국정원이 2007년 남북 정상 회의록을
전격 공개합니다. 국정원의 온라인 댓글 공작을 종북세력에 대응한 정상적 활동으로 호도하기 위해
NLL 대화록 공개라는 카드를 꺼낸 것입니다.

형님

박근혜 대통령이 방중 기간에 과시한 중국어 실력에 대해 언론이 찬사를 아끼지 않습니다.
때마침 NLL 회의록 사전 유출 관련으로 곤경에 처한 김재원 의원이 김무성 의원에게 허리를 숙이고 "형님." 하며 읍소하는
홍콩 누아르식 장면을 연출해 박 대통령의 중국어와 자연스러운 조화를 이룹니다.

진격의 남재준

한국갤럽이 실시한 여론조사 결과 응답자의 53%가 노무현 전 대통령의 2007년 남북정상회담 당시 발언에 대해
'NLL 포기 발언이 아니다.'라고 답합니다. 박근혜 대통령이 방중 외교를 마치고 돌아오는 길에
NLL 대화록 공개의 역풍이 불고 있습니다.

뭐가 불쾌하세요?

미국 국가안보국이 우방국들의 주미대사관까지 도청하고 감시해왔다는 사실이 드러나면서
세계 각국이 강하게 반발하고 있습니다. 주요 기밀을 자발적으로 만천하에 공개하는 대한민국은 할 말이 없습니다.

유체이탈의 지존

국정원 대선개입사건을 규탄하는 촛불시위 규모가 날로 확대되는 가운데 박근혜 대통령이 국정원의 개혁을 주문합니다.
개혁 대상인 국정원에게 알아서 개혁을 하라고 하니 성은이 망극하여 더욱 충성을 다짐하는 표정입니다.

열심히 하세요

경찰청 간부들과 국회의원들 간의 술자리에서 새누리당 의원이 경찰청 간부를 폭행한 사실이 알려져 파문이 일어납니다.
이 의원은 국정원 대선개입사건에 대한 경찰의 대응을 놓고 "남재준만도 못하다."며 호통을 친 것으로 알려져
국민들의 손가락질을 받고 있습니다.

신격화

국정원 대선개입사건에 대한 박근혜 대통령의 거리두기작전이 효과를 보는 듯합니다. 언론들은 박근혜 대통령의 지지율이
상승일로에 있다는 보도를 내보내고 있습니다. 나날이 위대하시고 존엄해지시고 있습니다.

믿습니다

대기업과 땅부자에게 법인세, 취득세 감면으로 혜택을 주던 정부가 그로 인해 부족해진 재원을 부가가치세 면세 축소 등
일반 소비자에게 부담을 주는 방식으로 보완하겠다는 방침을 세워 논란이 되고 있습니다.
이명박 정부를 감내한 서민들 앞에 또다시 난관이 펼쳐지고 있습니다.

잘 살아서 자살 막자

대한민국이 자살률 OECD 1위를 고수하고 있는 가운데 번개탄을 이용한 자살이 증가함에 따라
보건복지부가 대책이라고 내놓은 것이 번개탄 판매 규제인 것으로 알려져 국민들이 허탈해하고 있습니다.
한강 다리를 없애는 것은 비용이 많이 들어서 무리인가요?

신발은 머리에

봉준호 감독의 영화 〈설국열차〉에 등장하는 지배자 윌포드의 오른팔 메이슨은 열차 속 꼬리칸 하층민에게 설파합니다.
"신발은 머리에 쓸 수 없듯 너희들의 자리도 정해져 있으니 자기 자리를 지키고 살아가야 한다." 신발과 인간의 자리는
비교 대상이 아니지만 신발을 머리에 쓸 수 없는 것은 틀림없는 사실입니다.

화장을 지우고

박근혜 대통령이 신임 청와대 비서실장에 김기춘 전 법무장관을 임명해 논란이 되고 있습니다. 박근혜 대통령의 원로자문
그룹 7인회의 멤버인 김기춘 전 장관은 유신헌법 초안을 만들고 중앙정보부 대공수사국 부장을 지냈으며 초원복국집 공작
사건을 주도한 바 있습니다.

한집안

이명박 정부 때 4대강 예찬론자였던 양건 감사원장이 박근혜 정부에서는 4대강에 대해 공격적 감사를 펼치다 사퇴합니다.
양 원장은 이임식에서 "재임 동안 외풍을 막고 직무의 독립성을 끌어올리려고 안간힘을 썼지만 역부족을 절감한다."고
말합니다. 토사구팽을 피하기엔 역부족이었습니다.

추억 속으로

국가정보원이 통합진보당 이석기 의원 등에 대해 내란음모혐의를 적용해 당원들의 자택과 사무실을 압수 수색합니다.
내란음모죄는 1980년 김대중 내란음모사건 이후 33년 만에 등장한 죄목입니다.
창조 경제는 33년 전으로의 시간여행도 가능하게 합니다.

다 갈아 마셔요

국정원이 통합진보당 이석기 의원에 대해 사전 구속 영장을 신청했습니다.
통합진보당 이정희 대표는 "국정원이 위기 탈출을 위해 녹취록을 왜곡 편집해서 특정인을 모략한 것"이라고 주장합니다.
통합진보당은 여론마저 그리 우호적이지 않은 상황에서 최대의 난관을 맞이하고 있습니다.

산삼 효과

대선여론공작사건에 대한 규탄 여론의 확산으로 수세에 몰려 있던 국정원이 이석기 의원 내란음모사건으로
상황을 반전시킵니다. 33년 묵힌 내란음모사건의 효험이 산삼을 능가합니다.

지금 때가 어느 땐데

이태동 서강대 명예교수가 월간 〈현대문학〉 9월 호에 박근혜 대통령의 수필을 칭송하는 비평을 발표해 구설수에 오르고
있습니다. 각계에서 박근혜 정부를 찬양하며 코드 맞추기에 여념이 없는 가운데 언론도 예외일 수 없습니다.
〈조선일보〉가 채동욱 혼외자식 의혹을 대대적으로 보도해 정권이 껄끄러워하는 검찰총장을 바꾸는 데 앞장섭니다.

윤창중 특집

진상의 거인

영웅호색

CJ

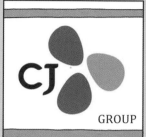

진상의 거인

박근혜 대통령의 미국 방문을 수행중이던 윤창중 청와대 대변인이 자신을 돕던 주미대사관의 여성 인턴을 성추행해 경질되는 전대미문의 사건이 터집니다. 임명부터 논란이 됐던 윤창중 대변인의 글로벌 성추행은 박근혜 대통령이 방미 외교에서 선보인 우아한 한복에 똥물을 튀긴 희대의 사건으로 역사에 기록되고 있습니다.

영웅호색

박근혜 정부가 들어선 이후 제2의 한강의 기적을 외치고 새마을운동이 다시 조명받는 등 고 박정희 전 대통령의 정치이념이 다시 부활하고 있습니다. 윤창중 전 대변인도 밤의 정치이념을 계승하려는 깊은 뜻을 지녔었는지 모릅니다.

CJ

청와대 대변인이 정상 외교 수행중 성추행을 벌인 데다가 조직적으로 범죄와 도피를 방조하고 무마하려 한 사건의 심각성은 클 수밖에 없습니다. 그러나 사건의 진상은 여전히 밝혀지지 않은 채 국민들은 또 다른 충격적인 사건을 대비하고 있습니다.

4장

피도 눈물도 없이

– 대한민국 1%가 사는 법

억울하면 감옥 가세요

생수업체를 운영하는 김모 씨는 "하이트진로의 자회사인 석수사가 원가 이하의 가격으로 생수를 부당 공급하면서
유통망을 잠식당했다."며 공정위원회에 여러 차례 관련 제소를 합니다. 그러나 모두 기각당하자
공정위 결정에 대한 항의의 표시로 트레일러를 몰고 도로를 점거하며 시위를 벌이다 교통방해혐의로 구속됩니다.
억울하면 출세하거나 감옥 가야 하는 세상입니다.

올림픽

〈가디언〉이 영국의 조세정의네트워크 자료를 인용해 보도한 바에 따르면 전 세계 조세회피지역에 은닉되어 있는
비자금 중 한국계 자금은 7,790억 달러(한화 893조 원)로 중국, 러시아에 이어 세 번째로 많은 규모라고 합니다.
어떤 이들은 밤낮없이 열심히 일하고 어떤 이들은 열심히 빼돌린 결과입니다.

다 팔아

미국 콜로라도주의 한 영화관에서 총기난사사건이 일어나 미국 시민들이 참담한 심정에 놓여 있습니다.
반복되는 총기사건 때마다 총기 규제 논란이 일곤 하지만 정치권은 막강한 힘을 갖고 있는
총기협회의 눈치를 살피는 현실입니다.

정경 융합 시대

안산 반월공단 내 자동차부품업체인 SJM공장에 경호용역업체 컨택터스 소속 사설경비원 200여 명이 진입해
농성중인 노조원 150여 명을 곤봉 등으로 때려 중상을 입히고 직장을 폐쇄합니다.
경찰은 피 흘리며 구조를 요청하는 노동자들을 수수방관하였습니다.
컨택터스는 이명박 대통령 대선 후보 시절에 경호를 맡았던 업체입니다. 다들 손발이 참 잘 맞습니다.

호기심

미국항공우주국(NASA)의 화성탐사로봇 Curiosity(호기심)가 화성 표면에 성공적으로 착륙합니다.
우주에 대한 인류의 호기심을 풀던 나사의 두뇌들이 대거 월스트리트로 옮겨가서
각종 금융상품 연구에 매진하는 시대에 들려온 신선한 소식이었습니다.

못살겠다

자유당 시절 많은 시민들이 목숨을 걸고 거리로 뛰쳐나와 독재정권을 무너뜨렸습니다.
지금의 자본권력은 대항할 생각조차 할 수 없도록 거대한 철옹성을 쌓아 올리고 있습니다.

우리 편으로

민주당 대선 후보 경선에서 선출된 문재인 후보는 안철수와의 단일화를 통해 정권 교체를 이룰 것을 천명합니다.
박근혜 후보는 진보 인사 영입 추진 등 광폭 행보를 이어갑니다. 대선 승리를 위해 지지세력을 얻으려 애쓰는 후보들을
또 다른 권력이 미소를 띤 채 바라보고 있습니다.

담배가게 회장님

국내 유통업계 1위 롯데그룹의 계열사인 '코리아세븐'이 편의점 상인들이 받아야 할 담배소매인 자격을
법인 명의나 신동빈 회장 명의로 891건이나 받고 장사를 해와 재벌의 골목상권 침해라는 지적이 제기되고 있습니다.
정치권력이나 자본권력이나 욕심은 끝이 없습니다.

피는 물보다 독하다

고 이병철 삼성그룹 회장의 장남인 이맹희 씨 측이 선대회장의 상속 주식 반환을 요구하며
이건희 삼성전자 회장을 상대로 유산 소송을 제기한 후 6개월째 법정 공방을 이어가고 있습니다.
이건희 회장은 여타 권력기관으로부터도 받지 않는 공세를 혈연으로부터 받고 있습니다.

숨은 권력

시진핑 부주석이 중국 공산당 대회에서 총서기에 선출돼 중국의 일인자 자리에 오릅니다.
삼엄한 경비 속에 언론과 일반인의 출입이 통제된 공산당 대회장의 모습은 공개적으로 지도자를 선출하는 나라들과 달리
아직 시장으로 권력이 넘어가지 않은 강력한 정치권력의 모습을 보여줍니다.

출입금지

현대·기아차가 미국에서 지난 3년간 판매한 차들의 연비를 과장 표기한 것이 밝혀져 진심으로 사과한다는 내용과 함께
보상 프로그램을 설명한 전면광고를 미국 주요 언론 매체에 냅니다. 한국의 친재벌 언론들은 이 사건에 대해
용기 있는 결정이라며 칭찬 보도를 내고 있습니다.

탈

이병철 전 회장의 25주기 추모식을 앞두고 CJ그룹이 삼성 측으로부터 '삼성 외 타 그룹은 정문 출입 불가',
'선영 내 한옥 사용 불가' 등의 지침을 통보받았다는 소식입니다. 이맹희 전 회장과 이건희 회장과의
유산상속 소송으로 시작된 삼성가의 갈등이 추한 모습으로 커지고 있습니다.

닥치고 성장

2012년 한국영화 총 누적관객 수가 1억 명을 돌파합니다. 500만, 1,000만 관객을 넘기는 영화가 쏟아지는 등
화려한 외적 성장을 보여주고 있지만 대기업 독과점 심화와 저예산 영화 시장의 축소, 스태프의 열악한 노동조건 등
내부 문제는 여전합니다.

권력

부산에서 개인 빵집을 운영하던 정모 씨가 경영난과 생활고를 이기지 못하고 자살했다는 비보가 전해집니다.
정 씨의 빵집 주변 대형 프랜차이즈 빵집들에선 생기 없는 얼굴의 점원들이 맛보다 수익을 고려한 빵들을 팔기 위해
땀을 흘리고 있었습니다.

변한 세상

18대 대선 첫 TV토론에서 박근혜 저격수로 나선 통합진보당 이정희 후보의 거침없는 공격이 화제입니다.
이정희 후보는 박정희 전 대통령의 친일 경력과 독재정치를 언급하며 박근혜 후보를 공격합니다.
지금은 세상이 많이 바뀌어 친일과 독재는 자본권력이 담당합니다.

김태촌 사망

폭력계 대부 김태촌 씨가 64세의 나이로 사망합니다. 김태촌 씨가 이끌던 범서방파는
조양은 씨를 두목으로 하는 양은이파와 함께 70~80년대 조직폭력계의 양대 산맥으로 군림하기도 했습니다.

우상화작업

이재용 삼성전자 부회장의 아들이 귀족학교로 불리는 서울 영훈국제중학교에 사회적배려대상자 특별전형으로 합격해
논란을 빚고 있습니다. 또한 교육과학기술부 장관이 교과서를 수정할 수 있는 권한을 강화한 내용의 법안이
입법 예고돼 우려가 커지고 있습니다.

우리들 세상

삼성전자 화성공장에서 불산가스가 누출돼 하청업체 직원이 사망하는 사고가 일어납니다.
치명적인 불산 누출 사고가 발생했음에도 신고도 하지 않은 채 안이하고 허술하게 대처한 데 대해
비난 여론이 일고 있습니다. 법규와 인명을 가볍게 생각하는 기업 마인드가 불산보다 더욱 공포스럽게 느껴집니다.

패륜

수십억에 달하는 보험금과 유산을 노려 부모와 형을 살해한 사건이 충격을 주고 있습니다.
패륜적인 살인범에 중형을 내리는 것은 물론 사람의 목숨을 돈보다 가벼이 여기는 가치관에 사형선고를 내려야 하겠습니다.

영원한 생명

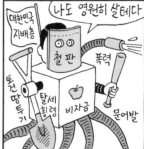

영국 런던 과학박물관이 세계 최초로 인공지능과 인공장기를 갖춘 바이오닉맨을 공개합니다.
70년대 TV드라마에서 보았던 '600만 불의 사나이'가 현실화된 듯한 소식에 세계인들의 관심이 쏠리고 있습니다.
영원한 생명이 과연 행복을 가져다주는 것인지에 대한 물음은 만화 〈은하철도 999〉에서 던진 바 있습니다.

정권은 짧고 돈은 길다

2013년 2월 28일

삼성-안기부 X파일에 등장한 떡값 검사들의 실명을 공개한 혐의로 기소된 노회찬 의원에 대해 대법원이
유죄판결을 내립니다. 노회찬 의원의 수사를 지휘했던 황교안 검사는 박근혜 정부에서 법무부 장관 후보로 지명됩니다.

기적을 만드세요

2013년 3월 8일

삼성전자 공장의 불산 누출 사망 사고에 이어 구미 케미칼공장에서 염소가스가 누출돼 노동자들이 부상을 당하는 사고가
일어납니다. 잇따르는 가스 누출 사고에 노동자들과 인근 주민들은 불안에 떨고 있습니다.

불바다

김정은 제1비서가 전방부대를 시찰하면서 "명령만 내리면 적들을 모조리 불도가니에 쓸어 넣으라."고 지시하는 등
북한이 끊임없이 군사적 긴장을 고조시키고 있습니다. 해외 언론은 한반도의 전쟁 위기를 심각하게 받아들이고 있지만
정작 한국 내의 분위기는 평온합니다.

땅투기 만세

단군 이래 최대의 건설 사업이라는 30조 원 규모의 용산국제업무지구 개발 사업이 금융이자 52억 원을 갚지 못해
결국 부도 처리됩니다. 토건정치세력이 대박의 꿈을 좇는 인간의 욕망을 부추겨 자행한 개발의 결과입니다.

준비된 대통령

대형 로펌 김앤장 등에서 변호사 활동을 해온 한만수 교수가 공정거래위원장에 내정됩니다.
전직 관료 영입 등 부적절한 방법으로 재벌의 이익을 대변해 논란이 되어온 김앤장 출신이
공정위의 수장을 맡는다는 소식에 재벌들은 흐뭇한 미소를 짓고 있습니다.

돈을 갖고 튀어라

국제탐사보도언론인협회(ICIJ)가 조세피난처인 버진아일랜드에 전 세계 부자 수천 명이
거액의 재산을 빼돌려 은닉하고 있다고 폭로합니다. 전 세계 부호들이 긴장하고 있는 가운데
1970년대부터 2010년까지의 해외 도피 재산 규모가 세계 3위국인 한국 부호들도 촉각을 곤두세우고 있습니다.

다 죽겠습니다

비정규직 문제가 해소되지 않고 있습니다. 기아자동차 광주공장 사내 하청 비정규직 노동자 김모 씨가
비정규직 철폐를 주장하며 분신하는 사건이 일어납니다. 김 씨는 몸에 붙은 불이 꺼질 때까지
"내 자식한테까지 비정규직을 물려줄 수 없다."고 외쳤다 합니다.

라면 다시 끓여 와

미국 로스앤젤레스로 가는 대한항공 여객기 안에서 포스코에너지 임원이 기내식으로 나온 라면 맛을 문제 삼으며
승무원을 폭행해 미국 사법 당국으로부터 입국을 거부당하고 되돌아온 사건이 일어납니다.
대한민국에서는 일상적인 갑 노릇이 국경을 넘지 못했습니다.

안식처

조세피난처인 영국령 버진아일랜드에 페이퍼컴퍼니나 금융 계좌를 보유한 한국인이 상당수 있는 것으로 밝혀집니다.
해당 한국인들은 한국에서 대체로 황제경호를 받으며 법적 처벌의 걱정 없이 살고 있다 합니다.

궁

이건희 삼성전자 회장의 자택이 국내 최고가 단독주택으로 조사됩니다. 지난해보다 12억 원 오른 130억 원으로,
지난해 1위를 기록했던 방상훈 조선일보 사장의 자택 가격 70억 원을 넘어섭니다.
한국을 주무르는 권력들의 집값 경쟁이 서민들을 맥 빠지게 합니다.

아이언갑맨

할리우드 블록버스터 〈아이언맨3〉가 극장가를 점령중입니다. 특히 한국에서 열광적인 반응을 얻고 있어
주인공 로버트 다우니 주니어가 월드투어의 첫 행선지로 한국을 택하기도 합니다.
한국인들이 지금 부당한 절대 권력에 대항할 수 있는 초인적인 힘을 바라는지도 모르겠습니다.

살인 진드기

'살인 진드기'에 의한 중증열성혈소판감소증후군 바이러스 감염 의심 환자가 사망하면서 진드기에 대한 공포가
확산되고 있습니다. 바이러스뿐 아니라 냉혹한 황금만능주의 이념을 전파하는 진드기도 사람의 목숨을 위협합니다.

흑

박근혜 정부가 경제민주화를 국정 과제로 내세우고 있는 가운데 검찰이 CJ그룹에 대한 비자금 수사에 전격 착수하자
기업들이 긴장하고 있습니다. CJ그룹 이재현 회장의 부친 이맹희 씨가 삼성 이건희 회장과 유산상속 문제로
법정 분쟁중인 상황이니 일각에서는 의혹의 시선을 던집니다.

문어발

CJ그룹에 대한 검찰 수사가 속도를 내고 있습니다. 차명 계좌를 이용한 계열사 주식거래나 경영상 이익 축소 등의 수법으로
비자금을 조성하고 임직원의 명의로 고가 미술품을 거래하는 등 한국 재벌기업의 치부가 드러나고 있습니다.

개천동네 온실동네

한국일보 사주가 배임혐의로 노조에 고발당하고 이에 대한 사측의 보복 인사와 편집국 봉쇄 조치로
짝퉁 〈한국일보〉가 발행되는 언론사상 초유의 일이 일어나고 있습니다. 언론사 사주 2세의 비리 행각이
다른 재벌기업과 종교단체 2세들과 다르지 않다는 것을 보여줍니다.

장남

CJ그룹 이재현 회장이 수천억 원대의 비자금을 운용하며 탈세, 횡령, 배임 등의 범죄를 저지른 혐의로 구속됩니다.
삼성 이건희 회장과의 유산 소송은 1심 패소로 승산이 없고 아들마저 구속된 상황에서
삼성가의 장남인 이맹희 전 회장은 무기력할 뿐입니다.

퍼시픽 림

경제민주화가 후퇴하고 있습니다. 정부와 여당에서는 투자 활성화를 위해 경제민주화를 중단해야 한다는 주장이 제기되고
일감 몰아주기 규제 조항을 완화시키는 법안을 내놓는 움직임까지 보이고 있습니다.
재벌과 정부의 드리프트가 성공한 모양입니다.

대기업 제품 많이 사세요

언론개혁시민연대가 종편에 출자한 주주 구성을 분석한 결과 대기업 협력업체들이 대거 출자한 것으로 나타납니다.
대기업들이 그들의 영향력 아래 놓여 있는 협력업체들을 통해 언론을 장악하고 있습니다.

진노와 모른 척

삼성정밀화학 공장에서 물탱크가 폭발해 노동자들이 숨진 사고에 대해 이건희 삼성그룹 회장이
"있을 수 없는 일이 일어났다."며 진노합니다. 사고 터질 때마다 진노하는 분이 계시는가 하면
딴청을 피우는 분이 계십니다.

반역

이석기 의원이 내란음모혐의로 구속 수감됩니다. 국정원은 통합진보당 인사들이 통신과 철도, 가스, 유류시설 등의
국가기간시설 파괴 방안과 함께 인명 살상을 목적으로 한 수입 장난감총 개조 방안 등을 논의했다고 밝힙니다.
그러나 국가기관 무력화 논의를 실행으로 옮긴 세력들은 감히 건드리지 못합니다.

삼성 공화국 특집

스파이더맨

힘내세요

시원하시겠습니다

2013년 1월 18일

스파이더맨

김창석 대법관 후보자에 대한 인사 청문회에서 후보자가 삼성그룹 이건희 회장에게 227억 원의 배임죄가 추가된 삼성SDS 배임사건의 파기환송심에서 환송 전과 동일한 법정형을 선고했던 판결이 도마에 오릅니다. 노동자에게 가혹하고 중소기업에 불리한 환경을 만들고 재벌에 우호적인 여론 조성에 힘쓰는 삼성맨들은 오늘도 맡은 분야에서 열심히 일하고 있습니다.

힘내세요

미국 캘리포니아주 법원 배심원단은 삼성이 애플의 디자인 특허를 침해하여 10억 달러를 배상해야 한다는 평결을 내립니다. 전 세계 기업들은 신기술 개발과 경영전략에서뿐 아니라 법원을 동원해서도 사활을 건 전쟁을 벌이고 있습니다. 국민들과 하청업체의 희생에만 안주할 때가 아닙니다.

시원하시겠습니다

2007년 충남 태안 앞바다에서 삼성중공업의 해상 크레인과 유조선이 충돌하여 발생한 기름 유출 사고에 따른 피해액이 총 7,341억 원으로 법정 판결됩니다. 이중 주민 피해 인정 금액은 수산 분야 4,138억 원으로 청구액의 11.8%에 그쳐 주민들의 반발을 사고 있습니다. 사고를 저지른 삼성중공업의 배상액은 56억 원으로 판정됩니다.

5장

공공의 적
– 대한민국 보수의 품격

김정일 ㄱㅅㄲ

대선을 앞두고 통합진보당의 부정경선사건과 함께 벌어진 종북 논란에 대해 전원책 변호사는 "'김정일, 김정은은 개새끼.'
라고 말하면 된다. 그런 대답을 피하면 종북세력이다."라고 설명합니다. 매우 명쾌하고 정확한 진단이 아닐 수 없습니다.
대한민국에선 "김정일 개새끼."라고 외치기만 하면 나라를 팔아먹어도 애국자로 대접받을 수 있다는 뜻이기 때문입니다.

농담

CNN은 북한 트위터 계정을 리트윗하는 등 국가보안법을 위반한 혐의로 구속 기소된 박정근 씨 사례를 소개하며
"이명박 대통령 취임 후 북한 찬양 내용을 인터넷에 올렸다 기소된 사람이 5명에서 82명으로 늘었다.
이것은 북한에 대한 얘기가 아니다."라고 했다. 또한 "한국에서는 농담하다 감옥 갈 수 있다.
(South Korean 'joke' may lead to prison.)"며 한국에서 표현의 자유 문제를 주요 뉴스로 보도했습니다.

땅거미

전과25범 수감인이 유치장 배식구를 통해 미꾸라지처럼 빠져나가 탈주한 사건이 일어나 사람들을 놀라게 합니다.
법망을 미꾸라지처럼 빠져나가는 재벌이나 정치인들은 많이 봤어도 쇠창살을 빠져나간 경우는 희귀한 일이기 때문입니다.

안심

중국과 일본의 갈등 원인이 되는 센카쿠 열도(중국명 댜오위다오) 주변에 긴장감이 고조되고 있습니다. 중국 여러 도시
에서는 수십만 명이 참여하는 반일 시위가 벌어집니다. 외교적 긴장감이 고조될수록 지배층들의 마음은 편안해집니다.

우리 손

대선을 앞둔 한가위 보름달이 유난히 밝습니다. 대한민국 대통령으로서 누가 적합한지 잘 살펴볼 수 있도록
민주주의의 달빛을 환하게 비추는 듯합니다. 달빛은 어느 곳에나 비추어져야 할 것입니다.

노크 귀순

북한군 병사가 철책을 타고 넘어와 우리 측 일반전방소초(GOP)의 문을 직접 두드려 귀순할 때까지
우리 군은 전방 철책이 뚫린 사실을 전혀 몰랐던 것으로 확인됩니다. 대선을 앞둔 시점에서 군 당국이 장병을 상대로
종북교육을 강화하였다는데 우리 군은 종북교육에 많이 지친 듯합니다.

코딱지스타일

오스트리아 조종사 펠릭스 바움가르트너가 높이 39킬로미터의 성층권까지 풍선을 타고 올라가
맨몸으로 초음속 자유낙하하는 세계 최초의 기록을 세웁니다.
그는 "세상의 꼭대기에 서서 인간이란 얼마나 미약한 존재인가를 느꼈다."고 말합니다.

보수의 정체

정부종합청사 18층 교육과학기술부 사무실에서 방화에 의한 화재가 발생합니다. 북한군의 노크 귀순과 정부청사 방화 등
허술한 국가 안보 실태에 북한정권은 웃고 있지만 이명박 정부와 새누리당은 종북 좌파라고 손가락질 받지 않습니다.

불사조

선진통일당이 새누리당에 전격 합당됩니다. 합당을 이끈 이인제 선진통일당 대표는 1997년 신한국당에서 탈당한 후 위기 때마다 당적을 옮겨가며 살아남아 13번째 당적을 기록하며 친정으로 돌아오게 됩니다.

고무죄

북한의 인터넷 매체 '우리민족끼리'의 트윗 글을 리트윗해 국가보안법 위반 혐의로 기소된 사진작가 박정근 씨에게 법원이 유죄판결을 내려 논란이 일고 있습니다. 북한체제를 조롱하고 비하할 의도로 리트윗한 행위가 죄라고 하니 대한민국 법원의 사상이 의심스럽습니다.

견마지로

사상 초유의 검란 사태로 불명예 퇴진한 한상대 전 검찰총장은 MB식 코드인사의 대표적 사례로 꼽힙니다.
권력의 입맛에 맞는 정실인사가 어떤 결과를 초래하는지 단적으로 보여준 사건이었습니다.

당해보지도 않고

"젊은 사람들이 나한테 대해서는 아직 감정이 안 좋은가 봐. 나한테 당해보지도 않고."라고 말하는
전두환 전 대통령의 과거 동영상이 화제입니다. 전두환 정권 때 받은 6억 원을 사회에 환원하겠다는
박근혜 후보의 약속과 함께 네티즌들의 관심을 모으고 있습니다.

나는 죄인이로소이다

이동흡 헌법재판소장 후보자가 인사 청문회에서 위장 전입 사실을 시인합니다. 비리로 수감중인 대통령 측근들은
사면을 앞두고 있으며 MBC는 대한항공 폭파범 김현희 씨와의 대담을 긴급 편성해 논란이 되고 있습니다.
정수장학회 소유의 MBC 지분 매각 계획에 대한 대화 내용을 보도한 기자는 통신비밀보호법 위반으로 기소된 상태입니다.

애쓰는구만 기래

이마트가 노조 설립을 막기 위해 직원들의 책과 인터넷 게시 글 등을 감시해왔다는 내용의 내부 문건이 드러나
충격을 주고 있습니다. 신자유주의 무한경쟁체제에서 노동자들의 희생을 강요하며 몸집을 불리는 기업들이
북한식 전체주의 방식으로 다시 한 번 노동자들을 옥죄고 있습니다.

어험!

이동흡 헌법재판소장 후보자의 부도덕성이 인사 청문회를 통해 줄줄이 드러나고 있습니다.
위장 전입을 시인한 것에 이어 현재 재판관으로 근무하면서 업무 경비를 개인 용도로 유용한 사실이 밝혀집니다.
그럼에도 대한민국의 공직자로서 특별한 비리도 아니라는 표정으로 당당합니다.

웃기면 종북

불법 대선개입사건으로 주목받고 있는 국정원 여직원이 경찰 조사에서 자신의 고유 업무가
인터넷 종북활동 적발이었으며, 대상 공간이 인터넷 커뮤니티 '오늘의 유머'였다고 진술합니다.
국정원은 "사이버 종북세력 감시와 척결은 우리 업무에 포함된다."고 강조합니다.

끼리끼리

새 정부의 초대 총리 김용준 후보자가 부동산 투기와 아들 병역기피 의혹으로 자진 사퇴합니다. 박근혜 당선자는
후보자의 업무 능력보다 도덕성을 검증하는 데 치우친 신상털기식 청문회에 우려를 표합니다.
도덕성 검증도 통과하지 못하는 인물들만 좋아하는 이유가 궁금합니다.

북핵은 따뜻해

북한의 3차 핵실험이 임박했다는 소식이 전해지면서 국제사회에 불안감이 고조되고 있습니다.
베일에 싸인 북한의 핵기술에 대한 궁금증이 커지는 가운데 냉전으로 이득을 보는 권력층의 기대도 커지고 있습니다.

지원사격

박근혜 당선인이 좌클릭 논란에도 불구하고 진보적 복지 공약을 내세워 대통령에 당선된 이후 보수진영에서는
대선 공약 수정을 주장하고 나섭니다. 4대 중증질환 진료비 전액 국가 부담과 기초노령연금 지급 등 핵심 공약들이
취임도 하기 전에 흔들리고 있습니다.

우리에겐 북한이 있다

북한이 유엔의 대북 제재 움직임과 한미 간 합동군사훈련에 반발해 정전협정을 백지화하고 판문점 대표부 활동도
전면 중지하겠다고 선언합니다. 한반도에 냉전시대의 그림자가 드리우고 남북 관계는 다시 얼어붙어버립니다.

못 내

2012년 10월 25일

정의란 무엇인가

2013년 5월 8일

황강에서 노역장까지

못 내

전두환 전 대통령이 외교관 여권을 갖고 수차례 외국에 다녀온 것으로 확인됩니다. 전 재산이 29만 원뿐이라며 추징금 납부를 거부하고 있는 전 전 대통령에게 정부는 대한민국을 대표하는 외교관에게 발급돼야 하는 여권을 발급해 특혜를 베풀고 있습니다.

정의란 무엇인가

전두환 전 대통령의 모교인 대구공고 홈페이지에 "역대 대통령 누구도 실현하지 못한 단임제 실천을 들 수 있다. 이것이야말로 한국 정치민주화에 불멸의 초석으로 기록되고 있다."는 전 전 대통령 찬양 글이 올라와 여론의 뭇매를 맞고 삭제하는 일이 벌어집니다. 광주를 피로 물들이고 반인권 독재정치를 펼친 사람이 민주화의 초석으로 불리고 있습니다.

황강에서 노역장까지

민주당은 전두환 전 대통령이 추징금을 미납할 경우 '강제노역형'에까지 처하게 되는 일명 '전두환 추징법'을 추진합니다. 전 재산이 29만 원이라며 버티고 있는 전 전 대통령의 금고가 언제 열릴지 이목이 집중됩니다.

바보들

F-22 스텔스 전투기와 B-52 전략폭격기, 이지스 구축함 두 척 등이 동원된 키 리졸브 한미연합훈련이 시작됩니다.
이에 대해 북한은 정전협정 백지화를 선언하고 전쟁 위협 강도를 높이고 있습니다. 전쟁 위기가 고조되면서
자식을 군에 보낸 부모들의 마음은 불안하기만 합니다.

배부른 돼지

김병관 국방부 장관 내정자로부터 각종 의혹이 쏟아져 나오고 있습니다. 율곡사업 비리와 연루된
외국계 무기중개업체에서의 활동, 공금 유용, 배우자의 군납업체 주식 투자 등 군 명예를 실추시키는 의혹들입니다.
한반도 상공에서는 미군의 B-52 폭격기가 비행훈련중이었습니다.

한강의 추접

고위층 성 접대 사건 파문이 확산되고 있는 가운데 성 접대를 받았다는 의혹이 제기된 김학의 법무부 차관이
전격 사퇴합니다. 숲속에 아방궁과 같은 화려한 별장을 지어놓고 은밀한 접대 행위를 했다는 사실에
국민들은 독재정권 시절의 권력층을 떠올립니다.

공정사회

박근혜 대통령의 내각 인선을 계기로 우리 사회의 엘리트라고 불리는 사람들의 진면목이 밝혀지면서
국민들은 허탈감에 빠져들고 있습니다. 대한민국 주류 기득권층의 탈세와 비자금 조성 등 불법행위에
엄정한 처벌이 가해지기는커녕 이러한 것들이 오히려 그들의 특권이 되고 있습니다.

전쟁과 평화

2012년 입법·사법·행정 고위 공직자의 평균 재산이 13억 2,092만 원으로 신고됩니다.
이는 일반 가계 순자산의 5배에 이르는 액수입니다. 남북의 주민들이 전쟁 분위기 속에서 긴장의 나날을 보내고 있을 때
남북의 고위층은 평화롭고 풍족한 나날을 보내고 있습니다.

황금박쥐

물신을 숭배하는 교회, 계층의 고착화를 위한 교육, 인간의 생명을 경시하는 병원은
분명 그 본래의 존재의미를 잊어버린 것입니다. 다시 정상으로 되돌아가야 합니다.

당황하셨어요?

보이스 피싱 사기가 늘어나면서 이를 소재로 한 개그프로도 나오고 있습니다.
그러나 그저 웃으며 넘길 수만은 없는 심각하고 지능적인 사기 행각들이 우리 일상 속에 슬며시 침투해 있습니다.

전부자와 조부자

전두환 전 대통령의 장남 전재국 씨가 버진아일랜드에 페이퍼컴퍼니를 설립한 사실이 드러나면서
전 전 대통령 부자의 은닉재산을 수사하라는 요구가 빗발칩니다. 한편 조용기 목사 부자 3인도 배임, 횡령 혐의 등으로
재판을 받고 있어 군사독재 시절 부와 권력을 형성한 정치와 종교 가문의 묘한 앙상블을 보여주고 있습니다.

인정 못한다

국정원이 공개한 정상회담 대화록의 고 노무현 전 대통령의 발언이 NLL 포기 발언이라며 색깔 공세가 이어집니다.
참여정부 시절 재벌기업의 성장과 부동산 폭등, 한미 FTA 추진 등 신자유주의정책의 혜택을 입은 기득권층의 공격이
유난히 거센 이유가 궁금합니다.

종북의 조건

대선여론공작사건으로 수세에 몰린 국정원이 반격을 위해 사용한 종북 매카시즘은 대한민국 기득권세력이
자주 동원하는 방식입니다. 그들은 그들의 기득권을 지키기 위해 대다수 양심적인 국민들을 종북으로 모는 행위를
서슴지 않고 있습니다.

노심초사

김재원 의원이 김무성 의원에게 보낸 남북정상회담 대화록 입수 관련 문자가 카메라에 잡힙니다.
"저는 요즘 어떻게든 형님을 잘 모셔서 마음에 들어볼까 노심초사중이었는데 이런 소문을 들으니 억울하기 짝이 없습니다.
앞으로도 형님께서 무엇이든 시키시는 대로 할 생각이오니 혹시 오해가 있으시면 꼭 풀어주시고
저를 지켜봐주시길 바랍니다."

귀형

민주당 홍익표 의원의 '귀태' 발언이 파문을 일으킵니다. 홍 의원은 "《기시 노부스케와 박정희》라는 책에
'귀태(鬼胎)'라는 표현이 있다. 태어나지 않아야 할 사람들이 태어났다는 뜻이다. 일본 제국주의가 세운 만주국에
귀태 박정희와 기시 노부스케가 있었는데, 아이러니하게도 귀태의 후손들이 한국과 일본의 정상으로 있다."고 말합니다.

정통성

청와대가 '귀태' 발언에 대해 "국민이 선택한 대통령의 정통성을 부정하고 자유민주주의에 정면 도전한 것"이라며
사과를 요구합니다. 정홍원 국무총리도 "헌법의 중요한 가치는 바로 대한민국의 정통성을 존중하는 것인데
안타깝다."고 합니다. 세금은 잘 내고 계시는지 궁금합니다.

장군님이 계십니다

국정원은 그들의 불법 선거 개입을 종북세력에 대응한 정상적 업무활동이었다고 주장합니다.
어떤 범법 행위를 저질러도 떳떳하게 쌀밥에 고깃국 먹을 수 있으니 모두 다 장군님의 은혜입니다.

빠-빠-빠

종북 매카시즘은 한국의 권력층이 그들의 기득권을 유지하는 데 필수적인 요소입니다.
종북 척결이라는 미명하에 땅투기와 탈세 등 불법적이고 비도덕적인 방식으로 재산을 불리고 권력을 행사합니다.

공화국의 국정원

새누리당 조명철 의원이 댓글사건 수사 책임자였던 권은희 전 수서경찰서 수사과장에게 "권 과장은 광주의 경찰이냐,
대한민국의 경찰이냐."며 지역감정을 조장하는 발언을 해 손가락질 받고 있습니다.
대한민국 국회의원이 맞는지 의심스럽습니다.

결실

국정원 댓글의혹사건 국정조사 청문회에서 김용판 전 서울지방경찰청장과 원세훈 전 국가정보원장이
증인 선서를 거부하는 한편 얼굴을 가린 국정원 직원들이 자신의 행위가 정당한 대북 심리전 활동이라는
궤변을 늘어놓습니다. 그래도 지지율은 고공행진중입니다.

내란과 애국 사이

33년 만에 등장한 내란음모사건으로 국민들은 큰 충격과 공포에 빠집니다.
헌법을 부정하고 나라의 근간을 뒤흔들어 체제 전복을 기도하는 내란음모사건은 무시무시한 일임에 틀림없기 때문입니다.
그러나 잘 살펴보면 그러한 일들이 권력층들에 의해 수시로 자행되고 있다는 사실을 알 수 있습니다.

2기통 엔진

불법으로 선거에 개입해 공작을 벌였더라도 종북 척결을 위한 업무라고 정당화를 하는 권력층과
그러한 주장에 힘을 실어주는 구시대적 혁명 논리에 사로잡힌 세력 그리고 다시 그들에게는
시대착오적 매카시즘을 신봉하는 권력층이 명분을 만들어줍니다. 대한민국을 역방향으로 이끄는 2기통 엔진입니다.

상처

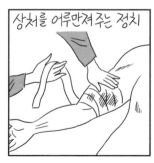

국정원에 의한 내란음모사건 발표 이후 한국사회에 비이성적이고 무차별적인 종북몰이가 확산되고 있는 가운데
자본론을 강의하는 대학 강사가 제자에 의해 신고당하는 사태까지 벌어집니다. 상처의 고통은 이성적 판단을
힘들게 합니다. 그리고 그 상처를 더욱 악화시켜 정치적 이득을 추구하는 세력이 있습니다.

두환본색

2013년 7월 25일

변신왕

2013년 8월 8일

성공

두환본색

검찰이 전두환 전 대통령의 추징금 환수를 위해 부인 이순자 씨 명의의 30억 원짜리 개인연금보험을 압류한 데 대해 "연금보험은 선대 재산이며 검찰의 압류로 생활이 어렵게 됐다."고 하소연합니다. 29만 원으로도 생활해오신 분들이 왜 갑자기 엄살인지 모를 일입니다.

변신왕

전 재산이 29만 원이라며 추징금 납부를 거부해온 전두환 전 대통령 집에서 거액의 은닉재산이 쏟아져 나오자 대통령 취임 전 장인이 물려준 재산이 불어난 것이라고 주장합니다. 전 전 대통령 측은 게다가 "전 전 대통령은 박봉이지만 봉급을 한 푼도 안 쓰고 모았고 이순자 여사는 뜨개질 부업을 했다."고 덧붙입니다. 유머감각은 아직 살아 있습니다.

성공

전두환 전 대통령이 1997년 대법원 확정판결 이후 16년 만에 미납 추징금 1,672억 원을 전액 납부하겠다는 계획서를 제출합니다. 검찰이 오래 기다려준 덕에 미납 추징금을 밑천으로 재산을 많이 불렸으리라 짐작됩니다. 1,672억 원의 16년 치 법정이자만 5,350억 원이라고 합니다.

6장

응답하라 99%

– 죽은 서민의 사회

힘들어요

2013년 시간당 최저임금이 2012년의 4,580원보다 6.1% 인상된 4,860원으로 결정됩니다.
점심 한 끼 값도 안 되는 시급이지만 오늘도 수많은 '알바'들은 대형 프랜차이즈와 마트에서 구슬땀을 흘리고 있으며
그 대가는 회장님의 비자금 창고에 차곡차곡 쌓여갑니다.

망하는 이유

성매매 알선과 탈세, 뇌물 상납 등 각종 범죄를 저지른 룸살롱 황제 이경백 씨가 항소심에서 집행유예로 석방됩니다.
망한 치킨집들 뒤로 영계를 광고하는 호화찬란한 홍등들이 한국의 도심을 밝히고 있습니다.

이승과 저승

2012년 7월 25일

건설 일용직 아버지는 매일 새벽에 일을 나가 밤늦게 귀가하고 새엄마는 늘 파리채로 때렸다고 이웃 주민들은 전합니다.
부모의 관심을 받지 못하고 외롭게 자란 그 아이는 어느 날 친절하게 접근해온 악인의 꾐에 빠져
실종 엿새 만에 싸늘한 주검으로 발견됩니다.

무더위

2012년 8월 7일

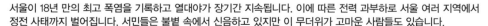

서울이 18년 만의 최고 폭염을 기록하고 열대야가 장기간 지속됩니다. 이에 따른 전력 과부하로 서울 여러 지역에서
정전 사태까지 벌어집니다. 서민들은 불볕 속에서 신음하고 있지만 이 무더위가 고마운 사람들도 있습니다.

주폭과의 전쟁

경찰이 주취 폭력에 대해 대대적인 단속에 들어갑니다. 술에 취해 시민들에게 행패를 부리는 사람을 찾아 잡느라
바쁘겠지만 멀쩡한 정신으로 폭력을 행사하거나 사주하는 사람들에게도 관심을 가져주길 바랍니다.

용 대신 용역

쌍용자동차 파업 때 경비용역을 맡았던 두 업체가 노동자들에게 폭력을 행한 대가로
83억 원의 매출을 기록했다고 합니다. 용역업계에선 노사분규 현장 일감을 맡는 것은
로또에 당첨된 것과 같다고 할 정도입니다. 노동을 배척하고 폭력을 권장하는 사회를 건설중입니다.

왕따놀이

'카카오톡' 대화방에서의 집단 따돌림과 언어폭력을 견디다 못한 한 여학생이 아파트에서 뛰어내려
스스로 목숨을 끊습니다. 입시만을 위한 살벌하고 삭막한 경쟁의 공간에서 키워진 우리 아이들의 슬픈 현실입니다.

마마마

콩 심은 데 콩 나고 팥 심은 데 팥 난다고 했습니다. 아무런 이유 없이 모르는 사람에게 폭력을 휘두르는
사람들의 마음속에 이 사회가 어떤 분노를 심어준 것인지 생각해봐야 할 일입니다.

괴물의 눈

어린이를 대상으로 한 성범죄가 잇따르면서 성범죄에 대한 처벌 강화를 요구하는 분노의 목소리가 커지고 있습니다.
처벌 강화도 필요하지만 사람이 사람으로 대접받는 사회를 만들기 위한 노력도 따라야 할 것입니다.

약한 존재를 찾아서

재벌은 골목상권을 먹잇감 삼아 덩치를 더욱 키웁니다. 기업은 노동자들의 희생을 강요합니다.
권력자들은 그들로부터 상처 입은 여성의 죽음에 아랑곳하지 않습니다.
힘없는 자는 함께 보듬어 살아가야 할 존재가 아니라 강한 자의 욕심을 채우는 데 희생되는 존재입니다. 정글처럼.

거세

반인륜적 성폭력이 빈발하면서 방지 대책을 강화하는 움직임이 일고 있습니다. 정부는 화학적 거세 대상을 확대하는
개정안을 추진하는 한편 물리적 거세를 주장하는 의견까지 나오고 있습니다. '눈에는 눈, 이에는 이' 식의 감정적 대응이
범죄 근절에 얼마나 효과적인지는 의문이라는 목소리도 많습니다.

김기덕 감독

김기덕 감독의 영화 〈피에타〉가 한국영화 사상 처음으로 베네치아 국제영화제에서 황금사자상을 받습니다.
이단아 취급을 받던 감독이 외국의 권위 있는 영화상을 받은 뒤 언론의 스포트라이트를 받고 있습니다.

가마우지 낚시

가마우지 낚시란 가마우지의 목 부분을 끈으로 묶고 먹이 사냥을 하게 한 뒤 삼키지 못한 물고기를 인간이 빼앗는 방식으로
예부터 중국과 일본에서 성행한 낚시법이라고 합니다. 숨 쉴 만큼만 목이 묶인 채 물고기 사냥에 나서는
가마우지의 처지가 그리 낯설지 않습니다.

소시오패스

18세 청년이 서울 강남의 한 초등학교에 침입, 삽을 휘둘러 학생 여러 명을 다치게 한 사건이 벌어집니다.
이 같은 범인의 행동에 대해 범죄전문가는 타인에 대한 동정심이 없고, 죄책감 없이 극단적인 범죄를 저지르는
소시오패스(sociopath) 성향이라고 분석합니다.

〈강남스타일〉 열풍

싸이의 〈강남스타일〉이 지구촌을 뜨겁게 달구고 있습니다. 언론도 한류의 세계 전파에 초점을 맞추어 한국 대중문화의
우수성을 강조하느라 바쁩니다. 〈강남스타일〉의 신나는 말춤에 세계인들이 열광하는 이유를 생각해봤습니다.

노벨상

2012년 노벨 생리의학상 수상자로 일본 야마나카 신야 교토대 교수와 영국의 존 거든 케임브리지대 교수가 선정됩니다.
야마나카 교수의 수상으로 일본의 노벨상 수상자는 19명으로 늘었으며 16명이 물리·화학·생리의학 등
자연과학 분야 수상자입니다.

기댈 곳

40대 중반의 부장판사가 재판 과정에서 증인으로 나선 66세 피해자의 진술이 오락가락하자 "늙으면 죽어야 된다."고
말했다는 소식이 알려져 비난 여론이 확산됩니다. 한국사회가 어르신들을 어디로 내몰고 있는지 생각해봐야 할 때입니다.

새마을

박정희 정권의 경제개발정책은 많은 국민들에게 새마을을 건설한다는 희망을 안겨주기도 했지만
다수의 희생을 강요하는 재벌 중심 경제구조의 기반을 만들기도 했습니다. 재벌들은 비즈니스 프렌들리 정부에 이어
박근혜 정부에 대해서도 큰 기대를 하고 있습니다.

훠어이

2013년이 밝았습니다. 새 정부가 들어서는 새해인 만큼 국민들은 새로운 마음으로 신년의 다짐을 해봅니다.
갈수록 서민들의 삶은 팍팍해지지만 뱀의 해, 뱀의 기운으로 모든 액운을 물리치길 바라고 있습니다.

돈돈돈

언제부터인가 "돈 많이 버세요."가 신년 덕담이 됐을 정도로 우리 삶은 돈에 지배되고 있습니다.
노후와 교육과 의료 등 생존에 필요한 모든 것을 개인의 능력에 맡기는 사회에선 당연한 현상일 것입니다.

냉혈동물

서울에 한파주의보가 내려지고 최저기온이 영하16도까지 떨어지는 등 동장군이 맹위를 떨치고 있습니다.
그러나 팔레스타인에서 들려오는 이스라엘의 무자비한 공습 소식은 인간의 차가움이
한파보다 무섭다는 사실을 알려줍니다.

디지털방송 시대

박정희 전 대통령이 정권을 잡은 직후 TV방송국을 개국한 지 50여 년이 지난 지금 서울과 수도권의 아날로그방송이
모두 종료되고 2013년 1월 1일부터 전국 디지털방송 시대가 열립니다. 세월이 흐르고 기술이 진보해도
달라지지 않는 것들이 있습니다.

황금만능

흥사단이 초·중·고생을 상대로 윤리의식을 조사한 결과, 우리나라 고교생 10명 중 4명은 '10억 원이 생긴다면 잘못을 하고 1년 정도 감옥에 가도 괜찮다.'고 생각합니다. 도덕과 정의가 땅에 떨어지고 법의 권위가 짓밟힌 가운데 황금만능의 탑만이 빛나고 있습니다.

층간소음

아파트 층간소음 문제로 윗집 이웃을 살해한 사건이 일어납니다. 층간소음 문제가 끊임없이 발생하고 주민들의 고통이 이어지고 있지만 정부와 건설업체는 만족스러운 해결책을 내놓지 못하고 있습니다.

미래로 해결

4대강 사업과 부자감세 등으로 부족해진 세수를 보전하기 위한 추경의 재원을 대부분 국채로 조달할 것이라는
정부 방침에 논란이 일고 있습니다. 소득에 비례하는 증세가 아니라 후손들에게 일괄적으로 부담을 지우는 국채 발행은
문제가 있다는 우려입니다.

사토리

일본에 '사토리 세대'라는 신조어가 등장합니다. '사토리'는 '깨달음'을 뜻하는 말인데 소비를 하지 않고 돈과 출세에도
욕심이 없는 청년들을 가리킵니다. 일본을 세계적 경제대국으로 견인해온 일본인들의 자본주의적 욕망이
결국 후쿠시마 원전 사고라는 대재앙을 낳은 것이라는 깨달음인지도 모르겠습니다.

전쟁터

노현정 전 아나운서와 탤런트 박상아 씨가 자녀의 외국인학교 부정 입학으로 검찰 수사 선상에 오르는 등
외국인학교의 한국인 학생 부정 입학 실태가 심각한 수준입니다. UN기관의 한 직원이 "송도국제학교에는
한국 학생들이 지나치게 많아 외국인 학생이 적응하는 데 어려움이 많다."고 하소연하는 실정입니다.

만세

동북아시아에 복고풍이 불어오고 있습니다. 중화주의로 무장하는 중국, 우경화하는 일본,
박정희 시대로 회귀하는 듯한 한국. 전 세계 99%의 단결을 외치던 목소리는 사라지고 국수주의적 애국심을 부추기는
만세 소리가 울려 퍼지고 있습니다.

숭례문

2008년 방화로 훼손된 숭례문이 5년 만에 제 모습을 찾습니다.
예를 숭상한다는 의미의 숭례문 간판이 부끄러운 후손이 되지 말아야겠습니다.

살려내라

6월을 맞아 6·10 민주항쟁과 항쟁의 도화선이 되었던 이한열 열사를 추모하는 행사가 곳곳에서 열립니다.
26년 전의 뜨거웠던 민주화 열망은 우리가 누리는 민주주의의 밀알이 되었지만 오늘날 청년들이 처한 현실은
또 다른 민주화를 요구하고 있습니다.

맛가루

밥에 뿌려 먹는 '맛가루'에 사료용 재료를 넣어 판매한 업체가 적발돼 소비자들이 큰 충격에 휩싸입니다.
사람이 가축 대접 받는 세상입니다.

최저임금의 조건

2014년도 최저임금이 시간당 5,210원으로 확정됩니다. 월 단위로는 주 40시간 기준으로 월 108만 8,890원입니다.
한국사회가 요구하는 스펙을 갖추지 못한 사람들은 열심히 노동한들 점심 한 끼 값도 안 되는 시급으로 살아가야 합니다.

참사

서울 동작구 노량진동 배수지 수몰 사고로 일곱 명의 인부들이 사망하는 참사가 일어납니다.
안전 대책 없이 열악한 환경 속에서 일하는 노동자들의 현실이 슬픈 탓인지 비가 그치지 않습니다.

실전

사설 해병대캠프에 참가했던 고교생 다섯 명이 극기훈련중 파도에 휩쓸려 사망하는 사건이 일어나
큰 충격을 주고 있습니다. 기본적인 안전 대책 없이 군대식 훈련을 통해 리더십을 키운다는 명목으로
우후죽순 생겨나는 극기훈련캠프가 마치 대한민국의 축소판인 것 같아 씁쓸할 뿐입니다.

개미만도 못한 인간사회

삼성엔지니어링 하청업체에서 아르바이트를 하던 대학생이 물탱크가 터지는 사고로 목숨을 잃습니다.
노동자들의 생명을 앗아가는 노동환경을 바탕으로 이윤 확보에만 혈안이 되어 있는 기업들의 사회는
〈이솝우화〉의 개미사회보다 못한 사회일 것입니다.

광견 정보원

국정원이 여당 대선 후보에 유리하도록 온라인 커뮤니티 댓글로 공작한 행위를 대북 심리전 업무라고 주장하는 등
국정원의 불법 행위를 정당화하기 위해 네티즌들을 모두 종북으로 몰고 있습니다.
국정원이 종북 제조기로 거듭나고 있습니다.

거위털

세제개편안이 월급쟁이 쥐어짜기라는 비판이 커지는 가운데 조원동 경제수석이 "세법개정안의 정신은
거위가 고통을 느끼지 않도록 깃털을 살짝 빼내는 식으로 세금을 더 거두는 것"이라고 말해
납세자들을 분노케 하고 있습니다. 서민들이 사람대접 못 받는 이유가 있었습니다.

국민의 힘

원전 비리에 MB정부의 실세 박영준 전 차관이 연루된 것으로 밝혀지면서 권력형 비리로 확대되고 있습니다.
사상 최악의 전력 부족에 원전 비리까지 더해진 여름, 국민들은 에어컨도 켜지 못한 채 무더위를 보내고 있습니다.

한여름 밤의 꿈

일본군 성노예 피해자 이용녀 할머니가 향년 87세로 별세합니다. 이로써 생존해 있는 성노예 피해 할머니는
57명으로 줄게 됐습니다. 피해 할머니들은 아직도 가해자들로부터 진심 어린 사과를 받지 못하고 있습니다.

바보처럼 살았군요

국가정보원의 댓글의혹사건 국정조사 청문회에 선 정보기관의 자세가 매우 당당합니다.
여론공작이 종북 척결을 위한 애국 행위였다고 떳떳하게 주장합니다. 법 지키고 성실하게 사는 사람들의 희생을 바탕으로
법과 원칙을 무시하는 사람들이 큰소리치며 살아가고 있습니다.

갑을 특집

갑을

갑 만나면

YES맨

을 만나면

NO팬티맨

우리 러브샷할까?

라면맛이 뭐이래

을의 조건

군대 다녀오고

세금 다 내고

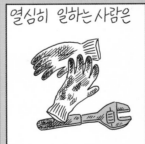

열심히 일하는 사람은

라면이나 하나 끓여오너라

갑과 밥

갑을

포스코에너지 임원이 대한항공 승무원을 폭행하고 남양유업 사원이 대리점 업주에게 폭언을 하고 청와대 대변인이 주미한국대사관 인턴 직원을 성추행한 사건 모두 비뚤어진 갑을 문화 때문입니다. 승무원과 대리점 업주, 인턴 직원은 각 분야에서 열심히 직무를 수행하는 노동자이지 조선시대의 종이 아닙니다.

을의 조건

고위 공직자에 대한 인사 청문회와 재벌기업 수사를 통해 드러나는 병역기피, 탈세, 비자금 조성 등은 이제 익숙합니다. 우리 사회에서 갑으로 군림하는 자들이 갖춰야 할 필수 요소입니다.

갑과 밥

대리점 업주가 본사의 물량 밀어내기에 시달린 나머지 자살을 하는 등 갑으로 군림하는 대기업의 횡포에 대한 비난 여론이 거세집니다. 그에 따라 한국사회의 비뚤어진 갑을 문화에 대한 개선책을 요구하는 목소리가 커지고 있습니다. 그러나 갑의 세계는 하루 이틀 사이에 건설된 것이 아닙니다.

7장

원스 어폰 어 타임 인 코리아

– 역사는 알고 있다

잊지 말자 6·25

6월은 호국 보훈의 달입니다. 나라를 위해 소중한 생명을 바친 호국 영령들과 무고한 희생을 치른
수많은 양민들을 생각하며 다시는 이 땅에 그러한 비극이 되풀이되지 않도록
비극의 역사를 공부하고 기억해야 할 것입니다. 우리는 모든 사실을 기억할 권리가 있습니다.

군사협력의 아버지

정부가 한일군사협정인 한일정보보호협정을 국무회의를 통해 비공개로 통과시킵니다.
여론의 반발로 체결이 무산되었지만 이는 이명박 정부의 뿌리를 확인시켜준 사건이었으며
지금도 협정을 재추진하려는 움직임은 멈추지 않고 있습니다.

과학 한국

우주 탄생의 비밀을 밝혀줄 '신의 입자' 힉스(Higgs)로 추정되는 입자가 발견됐다는 유럽의 과학계 소식입니다.
한국은 이미 시간의 비밀을 풀어 과거로 돌아갈 수 있는 타임머신까지 만들어낸 수준입니다.

수갑

일본정부는 아직까지 일제강점기에 저지른 만행에 대해 진정한 사과를 하지 않고 있습니다. 뿐만 아니라
집단적 자위권을 허용하려는 움직임을 보이는 등 과거 전쟁 범죄를 재현하고자 하는 야욕마저 내비치고 있습니다.
그리고 이들에게 한국정부는 한일군사협정으로 면죄부를 주려 하고 있습니다.

스포츠정치

히틀러가 민족의 우수성을 강조하고 단결력을 강화하기 위해 올림픽을 개최한 것처럼 근대올림픽은 지금까지
정치권력 및 기업과 불가분의 관계를 유지해왔습니다. 특히 한국의 금메달 지상주의는 영웅과 개인의 능력을 앞세운
획일적인 성장 우선의 철학과 통합니다.

반일정치

우리 국민들이 일본에 대해 갖고 있는 분노의 감정은 권력자들에 의해 정치적으로 이용되기도 하였습니다.
바다 건너를 향한 분노로 국민을 단결시켜 정권에 대한 불만을 잠재운 다음 일제강점기식 강압통치를 하였습니다.

애국

한국에서 애국자 되기란 그리 어렵지 않아요~ 친일을 한 집안인 데다 사과할 생각은 없고 땅투기, 탈세,
군 기피 비리 전력까지 있으시다고요? 걱정마세요~ 김정일 ㄱㅅㄲ와 '독도는 우리 땅'을 외치면 돼요~ 참 쉽죠잉~?

유신 만세

박근혜 후보의 당선 가능성이 높아지면서 이제 박정희 전 대통령의 유신 쿠데타에 대한 칭송도 들리기 시작합니다.
홍사덕 전 선대위원장은 "유신은 박정희 전 대통령이 자기 권력을 유지하기 위해 한 게 아니라 수출 100억 달러를 넘기기
위한 조치였다. 유신이 없었으면 우리나라는 100억 달러를 달성하지 못했을 것이다."라고 딸랑거립니다.

역사의 판단

유신 시절의 대표적인 사법 살인으로 알려져 있는 인혁당사건에 대해 박근혜 대통령 후보가
"역사의 판단에 맡겨야 한다."고 밝힙니다. 폭압적인 체제하에서 부당한 판결에 의해 사형이 집행된 사건에 대해
어떤 역사적 판단이 또 필요한 것인지 모를 일입니다.

역사에 맡깁시다

박근혜 후보의 역사관과 소통 부재에 대해 여당 일각에서도 우려의 목소리가 나오고 있습니다.
아버지의 정치적 자산만을 계승한 채 역사적 과오에 대해 회피한다면 많은 국민들에게 실망감을 안겨줄 수 있습니다.

공부

국사편찬위원회가 역사교과서에 기술된 '을사늑약'을 '을사조약'으로, '일왕'을 '천황'으로 수정 권고한 것이 드러나
논란이 일고 있습니다. 게다가 임시정부 요인 중 김구 선생을 빼고 이한열 열사의 사진을 삭제할 것을 권고했다고 합니다.
독립운동가들과 민주화 투사들이 눈을 못 감습니다.

미래

정수장학회 최필립 이사장과 MBC 경영진이 정수장학회의 MBC 지분을 매각해 민영화하는 방안을
논의한 사실이 발각돼 파문을 일으킵니다. 권력이 언론을 농단했던 비극의 역사를 잊는다면 미래에도 같은 비극이
되풀이될 수밖에 없을 것입니다.

자진 헌납의 역사

박정희 정권에 의한 부일장학회 강탈 문제가 확대되면서 박근혜 후보는 "김지태 씨는 부패혐의로 처벌받지 않기 위해
먼저 재산 헌납의 뜻을 밝힌 것"이라고 정수장학회 강탈 주장을 전면 부인합니다. 강탈과 자진 헌납을 구분하기가
이리도 어려운 일인지 몰랐습니다.

송년과 망년

대선으로 뜨겁게 달구어졌던 2012년 한 해가 지나갑니다. 한국에선 박정희 전 대통령의 딸이 대통령에 당선되고
일본에선 A급 전범 기시 노부스케의 외손자이자 극우 정치인인 아베 신조가 총리직에 오릅니다.
두 나라가 모두 과거를 붙잡고 있습니다.

코드

관료사회가 새 정권에 대한 정보를 수집하느라 분주합니다. 새 대통령의 철학을 분석하여 앞으로의 정책 방향을 가늠하기
위해서입니다. 새 정권이라지만 흘러간 옛이야기를 뒤져봐야 하는 상황입니다.

컴백홈

박근혜 대통령이 아버지와 함께 청와대 생활을 한 지 33년 만에 대통령의 자격으로 청와대에 들어가니
감회가 새롭습니다. 33년이라는 세월 동안 대한민국은 경제적으로나 사회적으로 많은 발전을 이루었지만
한편으로는 과거의 늪에서 벗어나지 못한 부분도 많이 있습니다.

한강의 기적

박근혜 대통령은 취임 연설을 통해 '한강의 기적'과 '경제 부흥'을 강조합니다. 박정희 전 대통령 시절 한강의 기적을 위해
피땀 흘리던 노동자들의 자녀들이 또다시 제2의 한강의 기적을 위해 땀 흘릴 준비를 하고 있습니다.

과거는 잊고 잘 살아보세

박근혜 정부의 국무위원 후보자들이 인사 청문회에서 5·16에 대한 평가를 회피하고 있습니다. 류길재 통일부 장관 내정자는 5·16이
쿠데타가 맞느냐는 질문에 "역사의 평가에 맡겨야 한다."고 답했고 유정복 안전행정부 장관 내정자는 "답변 드리기 어려운 점을
양해해달라."고 합니다. 조윤선 여성부 장관 내정자는 "역사적인 문제를 판단할 만큼 깊은 공부가 돼 있지 않다.", 서남수 교육부
장관 후보자 역시 "우리 사회에서는 그런 문제에 대해 어떻게 정하느냐에 따라 편이 갈리는 상황이다."라고 말합니다.

제2 유체이탈

대통령 직속 국민대통합위원회가 현대사연구원을 설립해 구시대적 사관에 입각한 역사 연구를 지원할 움직임을
보이고 있습니다. 유신 시절 만들어진 후 1998년에 폐지된 국방정신교육원이 16년 만에 부활돼
권위주의 시절에 행해졌던 정신교육을 강화할 채비를 갖춥니다. 박근혜 대통령 식 미래 창조입니다.

나 빼고 양성화

박근혜 정부의 핵심 과제인 지하경제 양성화를 위해 기획재정부, 금융위원회, 국세청 등이 발 벗고 나섭니다.
부처 간 지하경제 양성화 TF를 만들어 은닉된 비자금과 탈루된 세금을 적발해 세수 확충에 기여하려는 것입니다.
등잔 밑이 어두운데 잘들 해내실지 걱정이 앞섭니다.

야스쿠니

일본의 A급 전범들이 합사되어 있는 야스쿠니신사를 일본 각료들과 정치인들이 집단 참배하는 만행을 자행합니다.
이에 대해 우리 정부와 정치권은 강도 높은 비판과 함께 올바른 역사인식을 촉구합니다.
일본뿐 아니라 우리도 올바른 역사인식을 가져야 합니다.

노동자 생활 변천사

노동자의 날인 노동절을 맞는 대한민국 노동자들은 착잡하기만 합니다. 가스 누출 등 끊임없이 터지는 안전사고,
개선되지 않는 비정규직 문제, 갑을 관계로 나타나는 봉건적 의식의 잔존 등 43년 전 전태일이 꿈꾸던
노동자가 인간답게 사는 세상은 아직 오지 않았기 때문입니다.

이 또한 지나가리라

남양유업 영업사원이 대리점 업주에게 물품을 강제로 떠맡기며 욕설과 폭언을 하는 내용이 담긴 녹음파일이
인터넷을 통해 확산됩니다. 국민의 분노가 전국적 불매운동으로 번지는 동시에 대기업의 밀어내기 관행에 대한
개선 논의가 일어나기 시작합니다.

참전 용사들

박근혜 대통령이 첫 해외 순방으로 미국을 방문해 한미정상회담을 갖습니다. 박 대통령은 한국전쟁 기념 공원을 찾아
참전 용사에 참배한 데 이어 미 국회의사당 연설에서도 상·하원의원 중 참전 용사의 실명을 일일이 거명하며
감사의 뜻을 전합니다. 한국의 독립을 위해 싸운 용사들도 대통령의 감사 인사를 받을 자격이 있습니다.

'반자이'

아베 신조 일본 총리가 항공 자위대를 방문해 숫자 '731'이 새겨진 훈련기에서 기념사진을 찍었습니다.
한국 국민들은 이에 크게 분노하고 있습니다. 2차 세계대전 당시 일본군의 인간 생체실험으로 악명 높은 731부대를 몰라도
출세에 지장이 없는 나라여서 안심하고 도발 행위를 했던 모양입니다.

뿐

'TV조선'과 '채널A' 등 종편방송들이 "1980년 5·18 당시 북한 1개 대대가 침투해왔다.", "광주시청을 점령한 것은
시민군이 아니고 북한에서 내려온 게릴라다."와 같은 비상식적 주장을 담은 방송을 내보내 거센 비난을 받고 있습니다.
전두환 전 대통령이 민주화 초석이라 불리는 시절이라고는 해도 용납하기 어려운 행태입니다.

깨진 유리창의 법칙

역사적 사실을 부정하고 우리가 지금 누리고 있는 민주주의를 부정하는 발언들이 우리 사회를 오염시키고 있습니다.
법과 정의의 창문이 제대로 만들어지지 않은 사회에서는 오염물질이 걷잡을 수 없이 들어오게 마련입니다.

존경심 만들기

친일과 독재를 미화해온 뉴라이트 인사들이 만든 역사교과서가 국사편찬위원회의 검정 심의 본심사를 통과해
우려의 목소리가 거세지고 있습니다. 5·16 군사쿠데타를 혁명으로 추앙하고 광주민주화운동을 폄훼하는 인사들의
역사 왜곡이 본격화되고 있습니다.

과거에 뭐 했소?

박근혜 대통령이 전두환 전 대통령의 추징금 환수 문제와 원전 비리 사건에 대해 "역대 정부가 해결 못한 일을
새 정부에서 모두 책임지라는 것은 난센스다. 과거 정부는 무엇을 했는지 묻고 싶다."며 전 정부를 강도 높게 비판합니다.
과거 정부 모두 비판하신 건지 궁금합니다.

몰라도 돼

박근혜 대통령이 6·25가 남침인지 북침인지 모르는 학생들이 많다며 교육현장의 역사 왜곡을 바로잡겠다고 밝힙니다.
한 언론사의 여론조사 결과 고등학생 응답자의 69%가 6·25를 북침이라고 응답한 것에 대한 반응인데
이 조사에서는 북침을 북한의 침략으로 오인한 학생들도 많았다고 합니다.

부처 눈엔 부처만 보이고

남재준 국정원장이 남북 정상 대화록을 공개한 이후 국정원 대선 공작 정국은 NLL 소용돌이에 빠져듭니다.
대화록에 담긴 노무현 전 대통령의 NLL 관련 발언은 여기저기서 아전인수격으로 해석되고 있습니다.

1인 2역

국정원 대선 개입에 관한 진상 규명과 국정원 개혁을 요구하는 촛불시위가 계속되지만
박근혜 대통령은 국정원 사태와 무관하다는 입장을 고수하며 도리어 국정원에 힘을 실어주는 자체 개혁을 주문합니다.
한복을 입었을 때의 부드러운 이미지와는 다른 독선적 모습입니다.

만행

검찰이 전두환 전 대통령의 연희동 자택을 포함해 장남 전재국 씨와 차남 전재용 씨 운영 회사에 대해
압수 수색을 진행합니다. 이 과정에서 동양화와 서양화, 서예, 족자 등 300여 점에 이르는 미술품이 쏟아져 나옵니다.
인권을 처참하게 짓밟았던 독재정권이 이제 예술을 비자금 은닉 수단으로 짓밟고 있습니다.

저도의 추억

박근혜 대통령이 휴가 사진을 공개해 관심을 끌고 있습니다. 박 대통령은 아버지인 박정희 전 대통령이 휴가를 보내던
경남 거제시 저도로 가서 해변에 '저도의 추억'이라는 글귀를 남기는 장면을 연출합니다.
누군가에게 아름다운 추억이 누군가에겐 기억하기 싫은 시대일 수 있습니다.

우리가 남데스까?

아베 내각이 욱일기 사용에 문제가 없다는 입장을 정부 견해로 공식화하는 방안을 추진하고 있습니다.
일본 제국주의 침략의 상징으로 여겨지는 욱일기를 공식화하는 행위는 피해국들의 반발을 부를 것이 분명하지만
일본 제국주의의 수혜를 입은 권력층이 막아줄 것으로 은연중 기대하는 모양입니다.

이승만 정신

박근혜 대통령은 제68주년 광복절 경축식 경축사에서 "65년 전 오늘은 외세의 도전과 안팎의 혼란을 물리치고
대한민국을 건국한 날이기도 하다."며 건국에 대한 의미를 강조합니다. 3·1운동 정신과 임시정부의 법통보다
독재자 이승만 전 대통령의 건국을 강조하는 것입니다.

명분

국정원이 부정 선거의 명분으로 종북 척결을 내세우는 행동은 역사적 전통을 가지고 있습니다.
많은 지식인들이 권력자들의 폭력과 약탈 행위를 정당화하기 위한 논리를 개발하는 데 힘써왔습니다.

성공한 내란

이승만 전 대통령과 박정희 전 대통령 등 역대 독재정부를 미화하는 한편 일본군 위안부 피해를 축소 서술하고
친일 인사를 옹호하는 등 왜곡된 역사를 기술한 한국사교과서가 최종 검정을 통과해 우려를 낳고 있습니다.
친일을 미화하는 것은 3·1운동 정신으로 세워진 대한민국의 헌법 정신을 부정하는 것입니다.

조선시대

박근혜 대통령이 베트남 순방 중 패션쇼 행사 무대에 몸소 올라 한복 패션을 뽐냅니다.
박 대통령은 동포간담회에서도 한복을 입어 우아한 한복의 미를 보여주었습니다.
국민들은 정치도 한복처럼 우아하게 펼쳐지기를 기대하지만 현실은 우울하기만 합니다.

대를 이어 충성심 고양 교육

교학사 한국사교과서의 역사 왜곡에 대한 비판이 확산되고 있지만 교육부는 검정 승인 취소 요구를 받아들이지 않고
출판을 강행할 태세입니다. 식민지 근대화 논리에 동조하고 친일 인사와 독재정권을 미화하여
한국 기득권세력의 영구 번영을 꾀하는 것이라고 생각할 수밖에 없습니다.

5·16

2012년 7월 18일

이때다

2012년 10월 23일

5·16

박근혜 대선 후보가 5·16 군사쿠데타에 대해 "5·16은 최선의 선택이며 나라의 발전과 오늘날의 한국을 있게 한 초석이 된 점에서 바른 판단을 내린 것"이라고 쿠데타를 정당화하는 발언을 합니다. 지금 우리 사회가 5·16 쿠데타가 벌어진 시대보다 얼마나 민주적으로 성숙해졌는지 고민하게 만드는 발언입니다.

이때다

박근혜 후보의 역사관이 연일 야권의 표적이 됩니다. 5·16 쿠데타와 인혁당사건에 대한 논란과 함께 정수장학회 문제가 박근혜 후보의 발목을 잡습니다. 그러나 박 후보는 정수장학회가 박정희 정권에 의한 강탈이 아니라 자진 헌납임을 강조합니다.

5·16 정신

5·16 쿠데타가 일어난 날입니다. 특히 박정희 전 대통령의 딸인 박근혜 대통령이 집권을 시작한 해에 맞이하는 5·16은 각별하기만 합니다. 5·16 이후 52년이 흘렀지만 여전히 쿠데타를 쿠데타라 부르지 못하고, 군정 시절의 가치관이 이 땅에 드리워져 있습니다.

특별부록 박순찬 단편선

 2044년 지구보고서

 포장

 가상현실

 감사

 국민 마케팅

 짜장면

착한 아이 나쁜 아이

 꿈

 크리스마스 선물

 매매

 색깔

 어디로 갈까요

 패스트푸트

 여행

2044년 지구보고서

지구인들의 획기적인 발명품인 맞춤형 인간 제조 사업에 따른 지구현황보고서입니다.

지구인들의 발명품이라니? 우리가 에너지원으로 사용하는 금을 대가로 기술을 이전해준 건데.

지구인들에겐 그렇게 통한다는 겁니다. 극비사항이니까요.

어쨌든 우리가 미 정보국에 제공한 기술은 스미스 씨가 사장으로 있는 아메리칸바이오사에서 100억 달러에 구입 직후부터 천문학적인 수익을 거두고 있는 중입니다.

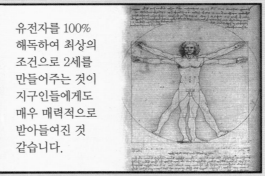

유전자를 100% 해독하여 최상의 조건으로 2세를 만들어주는 것이 지구인들에게도 매우 매력적으로 받아들여진 것 같습니다.

다만 현재 지구의 자본주의 시스템 하에서는 소수의 부유층만이 이 고가의 기술혜택을 독점할 수밖에 없는 상황이며

특히 한국의 부유층 사이에서 이 기술의 수요가 폭발적인 것으로 나타났습니다.

아마도 세계적으로 최고 수준의 교육열을 자랑하는 나라이니 만큼 맞춤형 인간 제조에 대한 욕구도 아주 강하기 때문이라 생각됩니다.

따라서 아메리칸바이오사가
벌어들이는 로열티 수입의 상당액은
한국이 차지하고 있으며

맞춤형 인간 제조 기술을
미국으로부터 10억 달러에
사들인 한국의 재벌4세
박이명 회장이 경영하는
'코리아바이오프라자'사가
매년 5억 달러의 수익을
내고 있는 중입니다.

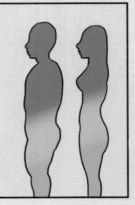

주 수요층은
한국에서
오래전부터 형성된
고소득 상류층으로
그들의 2세는 모두
유전자 맞춤으로
뛰어난 두뇌와
신체조건을 갖춘
상태로 태어나

부모 세대와 마찬가지로 한국의 중심 세력으로
성장하게 됩니다.

고가의 맞춤형 인간 제조 기술을 구매할 수 없는 저소득층에서는 이미 오래전부터 출산율이 저하된 상태에서
출산 기피 풍조가 더욱 확산되어 그 인구가 현저하게 감소된 상황이며

그들이 담당했던 생산직 노동시장은 후진국에서 건너온 외국인 이주 노동자들로 대체된 상황입니다.
그리고 그들은 자신들이 제공하는 노동력에 비해 훨씬 저렴한 액수의 급여임에도 불구하고
모국보다 상대적으로 높은 임금에 만족하고 있어 계층 간 갈등이나 불안요소가 거의 나타나지 않는
안정된 사회를 유지해나가고 있습니다.

포장

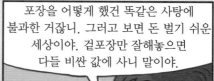

휴~ 이제 대충 다 정리가 된 것 같구나.

예.

뉴스나 보면서 좀 쉬어야겠다.

박근혜가 대통령이 될라나.

사실 대한민국 사상 박정희 대통령만 한 인물이 어디 있겠나.

여론조사에서도 역대 대통령 인기 1위로 항상 꼽히잖니.

인권 탄압과 독재로 악명을 떨친 사람이 어떻게 지금까지 존경을 받는지.

모르는 소리, 그 당시엔 그럴 수밖에 없었어.
그런 리더십이 있었기 때문에 우리나라가 한강의
기적을 이루고 이만큼 발전한 거 아니냐.

그게 어디 대통령만의 공이라고 할 수 있어요?
산업현장에서 피땀 흘린 노동자들의 희생 덕분이죠.

아무튼 엄만 나보다
훨씬 오랫동안

정권이 만들어낸 포장 그대로 뜯지 않은 채 간직하고 계시네요.

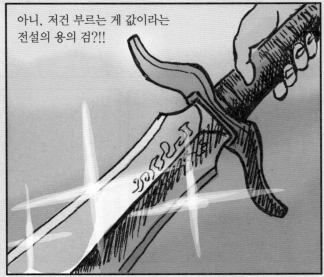

온라인 게임 '니지리'의 지존!

29세 강주림, 직업 없이 피시방을 떠도는
게임에 미친 청년이다.

가상공간인 게임 세계에선 모두의
부러움을 사는 영웅이지만

현실 세계에선 게임 아이템을 팔아
용돈을 버는 백수일 뿐이다.

컵라면
하나요.

갑옷과 무기, 장신구들은
나의 중요한 재산들이고

후루룩

이곳 게임 공간에서는 매우 값어치 있는 것으로 통한다.

이 허깨비일 뿐인 이미지에 매달리는 우리들을 게임을 해보지 않은 사람들은 이해하지 못한다.

헛된 이미지에 열광하고 그것들을 사고파는 것은 다들 마찬가지인데 말이다.

감사

참 맑은 하늘이군.

김이사, 좋은 생각이 떠올랐소. 지금 당장 내 방으로 와줘요.

오. 멋진 아이디어입니다.

변칙적이긴 하지만 실행에 전혀 문제가 없고 세금도 훨씬 줄어들겠습니다.

세금뿐 아니라 비상 상황인 만큼 구조조정 및 인건비 삭감도 고려해야 하오.

알겠습니다, 회장님.

그동안 이 문제로 골치가 아팠는데 오늘 구름 한 점 없이 탁 트인 하늘을 보자마자 돌파구가 머리에 떠오르는 거야.

회장님을 위해 주님께서 맑은 하늘을 보내주신 모양입니다.

그렇소.

국민 마케팅

1930년대 후반,
일제가 전시체제를 강화한 시기에

'국민복령'을 선포, 조선인들의 복장을 모두
강제로 바꾸도록 했습니다.

이른바 '국민복'이라는 것으로 생활방식에서부터 황민의식을 고취하고 총력체제를 구축한다는 것이었습니다.

조선인들은 졸지에 입던 한복을 벗고 남자들은 전투복 스타일의 제복을, 여성들은 몸뻬를 착용하게 됐죠.

당시 국민복 제작을 수주한 업체는 상당한 이득을 보았을 겁니다.

아니, 첨단 신상품 마케팅 전략회의 자리에서 웬 일제시대 얘깁니까?

파시즘으로 무장한 일제의 무단통치하에서 벌어진 일이 지금의 마케팅과 어떤 관련이 있다는 거죠?

물론 지금은 21세기 민주주의 대한민국 사회입니다.

그러나 예를 들어 소위 '국민영화'라는 수식어가 붙게 되면 그 내용과 관계없이 엄청난 수의 관객을 동원할 수 있는 것이 현실이기도 합니다.

대한민국 국민으로서 이 물건을 구매하지 않으면 안 되는 분위기를 조성하는 마케팅을 펼치자는 겁니다.

구 총독부 건물을 철거하는 등 일제 잔재를 없애기 위한 노력을 지속해왔지만

일제가 전체주의적 결집을 위해 사용한 '국민'이라는 용어의 의미는
아직도 대한민국 사회에 살아 있으니까요.

짜장면

그땐 정말로 어머니가 짜장면을 싫어하시는 줄 알았다.

구경만 하시던 어머니를 앞에 두고 혼자 먹던 짜장면.

어머니의 사랑이 듬뿍 담긴 짜장면이어서
그리도 맛이 있었던 모양이다.

아이고, 그래, 소현아. 잘 지내고 있지?

그럼요. 아빠도 별일 없으시죠?

그래. 엄마 말씀 잘 듣고 공부 열심히 해야 한다.

입금한 돈은 잘 받았어요, 여보. 식사 제때 잘 챙겨드시고 한국도 많이 더운 모양이던데 건강 신경 쓰고요.

자식에게 좀 더 나은 교육환경을 부여하기 위해 기러기아빠가 된 지도 벌써 1년이 다 되어간다.

가난했던 어린 시절에도 그리고 가장이 된 지금도 나는 자식 사랑을 위해 내 앞에 놓인 한 그릇의 짜장면을 혼자서 비우고 있다. 우린 지금도 여전히 가난한 삶을 살고 있는 것일까?

착한 아이 나쁜 아이

뭐?
이미 갖고 있다고?

그럼요. 요즘 휴대폰 없는 애들이 어딨어요?
게다가 그건 너무 구형이잖아요.

…

응? 저 애는 이 추운 밤에
혼자 어딜 가는 거지?

추워 보이는데
외투 한 벌 선물
해줘야겠군.

잠깐
만요.

최말동, 12세. 특기: 친구들 도시락 뺏어 먹기, 싸움하기. 숙제는 하는 경우가 거의 없고 피시방에서 게임하는 것이 주된 일과로 공식 산타협회 지정 착한 어린이 명단에 포함되지 않았습니다.

명단에 없는 어린이에게
선물을 하면
산타징계위원회에
회부됩니다.

후룩
후룩

아버지는 밤낮 술과 노름에 젖어 살고
어머니는 집을 나간 지 오래.
이런 환경 속에선 아이도 방황할 수밖에.

크리스마스 선물

자식들, 세상 모르게 자고 있군.

아빠 노릇 변변히 해주지도 못하고 미안하다.

녀석, 양말은 잊지 않고 걸어났네.

응?

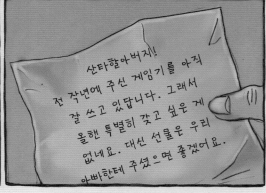

우리 아빠는 지금 일자리가 없어요.
늘 구하러 다니시지만 쉽지 않은가 봐요.

산타할아버지, 꼭 부탁드릴게요.
아빠가 원하는 직장을 선물해주세요.

산타할아버지, 메리크리스마스!

색깔

자, 여러분들 앞에 흰 도화지와
파란 크레파스가 놓여 있죠?

네!!

이제 여러분들 마음대로
그 도화지를 채워보세요.

뭔가 주제도 없이 모두 파란 크레파스
하나로 뭘 하라는 거죠?

같은 색의 크레파스라도 아이들 각자의 방식으로
도화지를 채우면 다양한 색이 나오게 돼죠.

보세요. 인호는 푸른 하늘빛을 만들어냈구요,

민성이는 진한 바다색을 그려냈군요.

즉 아이들에게 파란색이라는 규정된 틀을 부수고 개인의 가치를 확인하게 하는 겁니다.

그러면서 서로의 개성을 느끼게 되고 존중해주게 되는 것이죠.

음… 그런 뜻이… 꽤 의미 있는 교육방식인 듯합니다.

호호… 아이들 영어공부나 지적능력을 키우기도 바쁜데 이런 것이 학부모들에게 그다지 환영받을 일은 아니지만요.

이 아이들만큼은 제가 자라온 시대에서 행해진 것처럼 개인을 어떤 틀 속에 넣어 규정하고 분류해서 다양한 사고와 상상력을 억압받게 하고 싶지 않군요.

사상검증 요구

색깔공세

종북좌파세력 몰아내야

패스트푸드

자, 검진결과가
나왔는데요.

고민성 씨는 현재
혈중 콜레스테롤 수치가
매우 높은 상태인 데다

고혈압에 지방간, 동맥경화
게다가 심근경색 증상까지
보이고 있습니다.
통원치료 받으시면서
채식 위주의 식습관을
갖도록 하시고 꾸준한 운동이
필요하겠습니다.

오래전부터 일에 쫓겨 사는 나머지

간편하고 빠르게 식사를 해결할 수 있는 패스트푸드를
주로 먹어왔다.

그 간편함과 중독성이 있는 듯한 맛 때문에
나는 건강을 잃고 있는 것도 눈치채지 못한 것이다.

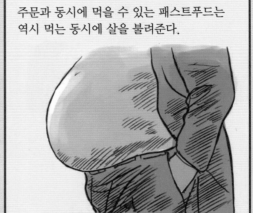

주문과 동시에 먹을 수 있는 패스트푸드는
역시 먹는 동시에 살을 불려준다.

그것은 배고픔을 하루빨리 벗어나기 위해
앞만 보고 달려온 시대부터 갖고 있었던
성장 제일주의의 철학과도 같은 것이다.

노동자들의 권익도, 사회의 다양한 이념도 인정하지 않은 채
오로지 빠른 속도의 성장만을 추구한 결과.

간편함의 대가로 얻게 된 내 몸의 병처럼

사회 구석구석에 형성된 부패구조, 빈부격차 그리고 그동안 성숙할 기회를 박탈당한 토론문화로 인한 세대 간의 극단적 대립이라는 병을 키워오게 되었을 것이다.

꿈

하늘을 나는 새가 되고자 했던 인간의 꿈은

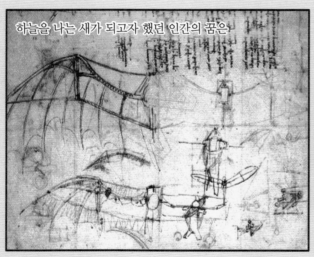

세계 어느 곳이든 날아갈 수 있는
여행 상품을 낳게 되었고

유럽 15일 ₩○○○○○

움직이는 그림에 대한 인간의 호기심은

초대형 평면 디지털TV를 앞다투어 개발하는 시대의 초석이 되었다.

날이 갈수록 속도를 더해가는 기술의 진보는

이제 인간의 호기심과 꿈을 넘어

기업의 성패를 결정짓는

무기가 되어버렸다.

더 나은 미래를 열고 싶었던 인간들의 꿈이 거대기업들의 생존수단이 된 지금

아이들의 꿈은 어떤 것일까?

꿈이요?
그야 돈을 많이 벌어서 이런 물건들을
마음껏 사는 것이죠.
그저 돈 많이 벌고 대박 나는 게
제 꿈입니다.

매매

예, 결혼정보회사 럭셔리커플입니다.

예, 가입해주셔서 감사합니다.
회비를 입금하시고 저희 회사를
한번 찾아주세요.

여성 회원들의 경우 가장 중요한 것은 외모다.

십중팔구 남자 회원들은 상대 여성의 외모를 먼저 따지기 때문이다.

그리고 학벌, 집안… 요즘은 경제난 때문에 여성 회원의 직업도 중요한 조건이 되었다.

이름 김봉순. 외모, 집안 그저 그렇고 여타 조건들도 별 볼일 없다.

'D' 클래스로 분류, 그리고 같은 클래스에서 적당한 상대를 찾는다.

조돌성
생년월일: 19
연소득 : 2천만
직업 : 자영업

흠, 지난달 가입한 조돌성 씨가 맞겠군.

결혼정보회사에서 커플매니저로
일한 경력은 얼마 되지 않지만
일이 적성에 맞는지 높은 실적을
올리고 있다.

많은 고객들의 결혼을
성사시킬 수 있는 비결은
무엇보다 회원들을 냉철하게
분석하고 맺어주는 기술을
터득했기 때문이다.

많은 사람들에게 있어서 결혼
이라는 것은 자신의 조건을 팔고
상대의 조건을 사는 거래이며
그 거래를 서로 만족할 수
있도록 성사시켜주는
일이라는 것을 잘 이해하고
있어야 함은 물론이다.

음, 괜찮은 물건이 하나 들어왔군.
부친이 대학교수이며 인물 괜찮고
미국 유명대학 출신에다가
억대 연봉의 외국계 금융회사 직원.

이런 상품은 일단
로열 클래스로 분류,

같은 클래스의 여성 중에서
선별해 만남을 주선하게 된다.

남자의 겨우는 뭐니 뭐니 해도
경제력이 첫째가는 조건이다.

휴

남들의 만남을 주선해주는
일을 하지만 정작 나는 아직
짝을 찾지 못하고 있다.

나는 어떤 상품을 구할 수 있을까? 나는 나의 상품 가치와 나에게 적합한 상대의 상품 가치에 대해
잘 알고 있기 때문에 내 미래와 짝에 대한 기대감도 설렘도 없다.
이럴 때만큼은 정말 직업 정신을 발휘하고 싶지 않은데.

ROYAL CLASS

B CLASS

어디로 갈까요

감사합니다.
안녕히 가세요.

휴우.

오늘도
수고하셨
어요.

내일 봐요.

고등학교 졸업 후 서울에 올라와 어렵사리 구한
직장이지만

하루 종일 서서 손님을 받는 일이 이리도
고될 줄은 생각지 못했다.

다리가 퉁퉁 붓는 건 물론이고
종종 매너 없는 손님들 때문에
나의 양 볼도 퉁퉁 붓는다.

이봐, 미스 장!
지금 손님들 다 쫓아버릴 일 있어?
얼굴이 왜 그 모양이야?
미소를 지어야지, 미소를!

앗,
죄송합니다.

무엇보다 나를 힘들게 하는 건
하루 10시간 동안 억지 웃음을
지어가며 서 있는 일에 대한
대가가

손님이 와서 사가는 가방 한 개 값의 10분의 1도 안 된다는 사실이다.

부잣집 여대생들. 처음엔 부러움의 대상이었지만 부러움은 점점 시기심으로 바뀌어갔고

우아, 이거 명품 아냐?

왜? 나라고 이런 거 갖고 다니지 말란 법 있어?

그 시기심은 카드빚 수천만 원의 절망감으로 바뀌어 있었다.

9月 사용내역

예, 엄마. 곧 부쳐드릴게요.

철없는 딸만 믿고 있는 고향의 가족들.

하루 종일 일해봐야 여성이라는 이유, 비정규직이라는 이유로 주어지는 형편없는 보수.
그런 주제에 이젠 카드빚까지…

예, 곧 갚아드립니다.
조금만 더 여유를 주시면
안 될까요?

이 사회는 내가 가진 노동력과 철없음에 조롱을 퍼붓고 있었다.
난 형편없는 인간이 된 것이다. 난 어디로 가야 하는 것일까.

여행

수많은 관광객들이 찾는 유럽.

우리도 그들의 대열에 합류해 이곳에 배낭여행을 오게 되었다.

여유와 멋이 넘쳐나는 거리의 예술가들도

수백 년을 지키고 서 있는 성당의 웅장함도

과거 세계를 호령하던 영국 왕궁의 화려함도

모두 사진 속에 담아가고 있었다.

자, 이제 지하철을 타고 다음 목적지로 가자.

응? 무슨 일이지?

런던의 지하철은 그 역사가 오래된 만큼 장비와 시설의 노화로 고장이 잦다고 하는데

마침 주말이라 담당 근로자들의 휴무와 겹쳐

시민들은 해당 구간의 지하철을 이용할 수가 없게 된 것이다.

우리 눈에 더욱 이상하게 비친 것은 런던시민 어느 누구도 이러한 사태에 불만을 나타내지 않는 모습이었다.

버스로 갈아타야 합니다.

사진으로는 담아올 수 없지만 마음속에 담아오고 싶은 노동자들의 권익이었다.
날이 갈수록 늘어나는 해외관광객의 수만큼 이러한 경험도 늘어나고 있는 것일까?

516공화국

박순찬 지음

초판 1쇄 인쇄일 2013년 11월 15일
초판 1쇄 발행일 2013년 11월 22일

발행인 | 한상준
기획 | 임병희
편집 | 김민정 박민지
디자인 | 김경희
마케팅 | 박신용
종이 | 화인페이퍼
출력 | 경운 출력
인쇄 · 제본 | 영신사

발행처 | 비아북(ViaBook Publisher)
출판등록 | 제313-2007-218호.(2007년 11월 2일)
주소 | 서울시 마포구 연남동 567-40 2층
전화 | 02-334-6123 팩스 | 02-334-6126 전자우편 | crm@viabook.kr 홈페이지 | viabook.kr

ⓒ 박순찬, 2013
ISBN 978-89-93642-52-0 03300

Park Soonchan 2013